책 쓰기에 푹 빠진
일곱 작가의 삶 속 책 출간 이야기

책 쓰기를
머뭇거리는
당신에게

책 쓰기에 푹 빠진
일곱 작가의 삶 속 책 출간 이야기

책 쓰기를
머뭇거리는
당신에게

이삼현
김승환
김성주
손지숙
이소정
추정희
문윤선

봄풀

외적 원인의 삶에서
내적 원인의 삶으로

그동안 나는 많은 연락을 받고 강의를 했고, 청춘들이 찾아와서 상담을 해주었다. 그러나 코로나 이후 내 삶은 완전히 바뀌었다. 아무것도 할 수가 없었다. 아침에 눈을 떴는데도 갈 곳이 없었다. 시동을 켜고 어디론가 가야만 할 것 같았고, 지겨웠던 휴게소 밥이 너무 먹고 싶어졌다. 내가 할 수 있었던 유일한 일은 내 책을 내가 다시 읽고 블로그에 글을 올리는 것뿐!

하지만 그것도 잠시뿐이었다. 이건 아니다 싶어 아침에 무작정 글을 쓰기 시작했다. 그 누구에게도 말하지 못했던, 내 속에 꽁꽁 숨겨두었던 모든 것들을 종이 위에 토해내기 시작했다. 죽고 싶었던 적, 욕하고 싶었던 적, 억울해서 울고 싶었던 적, 끝까지 부정했던 나의 질투심까지…….

그렇게 매일 아침 종이 위에 무작정 내 감정들을 쏟아냈다. 내겐 큰 변화였다. 시켜서도 아니고 돈이 나오는 것도 아니었다. 그럼에도 나는 매일 한 문장이라도 글을 쓰고 있었다. 그리고 나는 점점 글쓰기의 힘과 매력에 빠지기 시작했다.

그랬다. 나는 그동안 외적 원인에 의한 삶을 살았다. 한 달에 몇 번씩 쓰나미처럼 밀려왔던 허망함과 불안감의 이유였으리라. 글을 잘 쓰고 못 쓰고는 중요하지 않았다. 매일 새로움을 생산해 내는 그 자체가 뿌듯하고 신비로웠다. 이것은 분명 외적 의지가 아닌 내적 의지에 의한 기쁨이었다. 통장 잔액은 여전히 부족했지만, 일이 없어도 마음은 편한, 말로 표현할 수 없는 그런 만족감이었다. 새로움을 생성(창조)한다는 게 이렇게 좋을 줄 몰랐다. 하여, 나는 함께하고 싶어졌다. 이러한 만족감과 충만함을 독자들과 함께 나누고 싶어 펜을 들었다.

김승환

누구나 책 한 권쯤의
인생 이야기는 있다!

　우리 모두에겐 각자 살아온 이야기, 나누고 싶은 이야기가 있다. 그런데 책 쓰기를 결심하는 순간 수많은 망설임과 막막함이 밀려온다. 그래서 누군가는 마음속에만 담아두고, 누군가는 용기를 내어 책 쓰기에 도전한다. 그것은 즐겁지만도, 수월하지만도 않다. 여러 번 고쳐나가야 하고, 시행착오도 거쳐야 한다. 그러면서 나를 다시 돌아보고, 내 일을 진정으로 사랑하게 된 후에야 비로소 내 책을 손에 가질 수 있다. 여기 일곱 작가는 모두 그런 과정을 겪었다.

　사업가, 퇴직교사, 유치원 원장, 전문강사 등 다양한 분야의 작가들이 모였다. 퇴직 후 제2의 인생을 시작하는 작가, 아직 어린아이들을 키우며 일하는 작가도 있다. 다양한 분야, 다양한 연령대 작가들이 한자리에 모여 책 쓰기 이야기를 펼쳐낸다. 과정도 경험도 제각각이지만 책 쓰기로 행복했고, 출간작가가 되어 인생이 더 소중해진 사람들이다. 첫 글을 쓰게 된 동기부터 출판 기획서를 쓰고, 출판사 계약 이후 책이 출간되기까지의 과정을 진솔하게 담았다.

이 책을 쓰면서 너무 핑크빛 얘기만 하지 않으려고 했다. 책 쓰기를 시작했을 때 뭘 어떻게 해야 하는지 막막해 노트북 속 하얀 페이지만 하염없이 쳐다보았다. 책 쓰기 수업에 등록할지, 혼자서 무작정 써볼지 고민했다. 책을 쓰는 동안에도 정말 책이 나올지 수없이 의심했다. 출판사와 계약이 되지 않아 힘들었던 순간, 출간 후에도 판매지수에 피가 마르던 시간도 겪어냈다. 내 책을 내고 싶다는 같은 꿈을 가진 사람들끼리 서로 글을 읽어주고 조언하는 소중한 시간도 함께했다. 그리고 서점에서 내 책을 만났을 때의 기쁨과 행복이란! 이 책은 그런 경험을 담은 작가들의 진짜 책 쓰기 이야기다.

문윤선

2부 ___ 신나는 책 쓰기

"퇴직 후의 삶, 생각해보셨나요?" • 손지숙

"왜 지금 책을 써야 하나요?" • 이소정

"책 쓰기는 나를 춤추게 해요" • 추정희

"책은 모든 이의 꿈 상자입니다" • 문윤선

1부

———

살리는 책 쓰기

"책 쓰는 사람은
따로 있다고?"

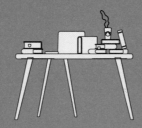

이삼현

저서

《B2B 이미 하면서도 당신만 모르는 세일즈》,《고객의 언어》

약력

• (현) ㈜제이케이엘컴퍼니 · (주)보다비 · VODABI INC.(캐나다 법인) 대표이사
• (전) 현대종합상사 해외영업, 인터파크 전략기획, 인우기술 CRM 솔루션 세일즈, Cisco Inside Sales Manager, MarketStar Korea 지사장
• 교보문고, ICT폴리텍대학, 경일대학교, 오라클 등 다수 기관 저자 특강
• 코오롱 베니트/오투데스크 파트너 대상, B2B 인사이드 세일즈 방법론과 실습
• 동양 AK 코리아 신규산업 및 해외 B2B 세일즈
• 서강대, 안양대, 경기창업보육센터 등 다수 기관에서 세일즈 특강 및 전문가 패널
• 스타트업 기업 세일즈 & 마케팅 멘토링 및 코칭
• 서울시립대, 한국산업기술대, 제주관광대, 고려대학교 등 특강 및 멘토링
• 고양시, 한국표준협회, 현대커머셜, 현대카드 등 B2B 특강
• 한국시트릭스, 성남산업진흥원, (법)율촌, 다쏘코리아 등 B2B 세일즈 특강 및 워크숍

시간의 문 앞에 서서

죽음이라는 두려움

"상준이가…… 본인 상이래."

얼마 전 믿기지 않는 소식을 접했다. 대학 시절 가까이 지내며 추억을 함께했던 친구의 부고. 그의 이름은 이상준이다. 고인이 된 친구를 추억하며 더 많은 이들이 기억하기를 바라는 마음으로 실명을 적는다. 사인은 심정지. 50대 초반이다. 살아갈 날들이 아직 많이 남아 있음을 생각하면 이 나이의 죽음은 무척이나 아깝다. 친구 중 하나는 "편안히 갔다면 그것도 괜찮은 죽음이나 남은 식구들에게는 고통"이라며 슬픔을 누르고 애통해하는 가족을 걱정했다.

상준이 떠난 그 월요일이 있는 주(週)는 유독 지인들과의 점심 약속이 많다. 월요일 점심에 만난 대학 친구로부터 그의 죽음을 알게 되었고, 금요일 점심에는 또 다른 동기를 만나 함께했다. 그리고 소식을 접한 날로부터 3일 후, 아직도 믿기지 않는 상준의 죽음을 위로하는 자리에 갔다가 그날 함께 점심을 먹었던 모 대기업 임원 출신의 A 고문을 만났다. A는 상준과 한 대기업에서 상사와 부하직원으로 함께 일했다. 내가 대학에서 상준을 만난 것, A와 상준이 함께 일한 것, 상준의 장례식에서 A를 만난 것. 우연은 필연이다.

A는 상준을 '일을 참 잘하던 직원이었다'고 기억했다. 죽은 자에 대한 산 자의 평은 뭔가 다른 잔상이 남는다. 아쉬움, 왠지 모를 회한, 그리움…… A와 짧은 인사 중 들은 상준에 대한 평은 특히 진솔해 보였다. 상준은 그렇게 성실하고 일도 잘하는 사회인이자 남편이자 아빠였다. 그에 대한 피드백. 하지만 피드포워드(Feedforward)는 불가능했다. 이미 가고 없기에…….

죽음은 원점. 죽음은 모든 것을 원점으로 돌려놓는다. 시간조차 없던 시점으로! 태어나면서 생긴 시간은 죽음과 함께 소멸한다. 상준과 함께한 시간도 그의 죽음과 함께 절반이 소멸되었다. 나와 그가 함께한 시간은 오로지 내 기억 속에만 남았다. 나머지 반은 상준이 가지고 갔다. 앞으로 나눌 수 있는 시간 또한 그와 함께 소멸했다.

죽은 이의 시간은 없다. 죽음의 신은 공평하다고 했던가! 우리에겐 시간이 존재하지만, 시간이 존재하지 않을 자이기도 하다. 시간은 있기도 하고 없기도 하다. 매 순간 양면성을 지닌다. 산 자에게 부여된 시간은 끝을 알 수 없으니 무한해 보이지만 유한하다. 나이 50을 넘으면 기대수명이 살아온 시간보다 적어진다. 언제든 죽을 수 있다는 두려움이 내 정신을 덮고 누른다.

"너도 언제든 죽을 수 있어."

"어떻게 살 건데?"

"네가 가고 나면 남은 가족들은 어떻게 살지?"

"가족들에 대한 준비는 다 돼 있어?"

두려움과 쉽게 답하기 어려운 질문들이 가슴을 더욱 짓누른다. 매 순간 시간은 나에게 기회를 주면서도 압박한다. 때때로 숨을 압도할 정도다.

나는 살아 있는가?

얼마 전 오디오북 앱을 바꿨다. 새 앱을 통해 처음으로 무엇을 들을까 고민하다 선택한 책. 그 책을 오디오북 최초로 두 번이나 들었다. 6시간 33분 길이의 책이니 13시간을 쓴 것. 《아직 오지 않은 날들을 위하여》(파스칼 브뤼크네르, 인플루엔셜). 제목에 끌려 택한 책 속 저자의 재치와 통찰은 온몸에 여러 차례 울림을 주었다. 프랑스의 대문호로 칭송받는 파스칼은 "나이가 들었다고 꼭 그 나이인 건 아니다"라는 글로 책을 시작하고, "사랑하고 찬양하고 섬기라"라는 말로 마무리한다. 그의 마무리 글은 이렇다.

"우리의 생은 이용권만 있고 소유권은 없다. 나이 듦은 의무는 늘어가고 권리는 줄어듦이다. 어느 나이나 구원은 일, 참여, 공부다. 우리는 이름 모를 티끌이 되어 우주 속으로 사라질 테지만 슬퍼할 일은 아니다. 살아 있음 자체가 기적이며, 그 시간 자체가 기적이다. 그 시간을 감사하고 찬양하고 섬기며 살아야 한다. 생은 값을 매길 수 없을 만큼 값지지만, 우리는 육신의 껍데기를 벗고 티끌로 사라질 것이다. 원래부터 잠시 스쳐 가는 존재. 그동안 잘 버텨왔고, 상처받았으나 충만함을 얻었다. 이뤄지지 않은 기도가 참 많다. 반면, 올리지 않았던 기도가 백 배로 성취되기도 했다. 악몽을 관통했고 보물을 받았다. 삶은 참 잔인하거나 지독할 수도 있고, 풍성할 수도 있다. 매일 아침 입 밖으로 소리 내어 고맙다고 말하자. 당연히 받았어야 했던 것은 아무것도 없다. 이 터무니없는 은총이 감사하다." (요약)

우리나라 부자 순위 1위라는 넥슨 김정주 전 대표가 얼마 전 하와이에서 스스로 생을 마감했다. 많은 돈을 벌었고, 크게 성공한 사람이 왜 죽음을 택했을까? 그를 애도하며 나의 2014년이 생각났다. 회사를 설립한 지 만 3년. 회사는 생각보다 잘 되어갔다. 충분할 만큼 성공한 건 아니었으나 직원도 30명 가까이 되고, 대형 클라이언트 및 다른 고객들과의 일도 원만하게 잘 돌아갔다. 매출도 최고치를 달성하는 중이었다.

그해 어느 가을날, 바람이 나를 스치고 지나갔다. 스산한 바람을 느끼며 '사는 게 뭘까?', '이러다 나도 죽겠지?'라는 생각을 했던 게 기억에 선명하다. 나는 성공을 바라면서도 매우 감성적이다. 성공으로 나아간다 싶으면 감상에 사로잡힌다. 감상에 빠졌던 그날, 나를 스치던 바람처럼 2014년 말부터 비즈니스는 곤두박질치기 시작했다. 시건방 떨지 말라는 추상같은 질책처럼……. 2015, 2016년은 내 생에서 가장 힘든 시기였다. 깜깜한 터널의 끝이 가도 가도 나오지 않았다.

오늘 새벽. '왜 이렇게 성공으로 가는 길이 멀고 험할까?' 곱씹어 물으며 힘든 시간을 다시 일으켜 세운다. 그러다 '그렇게 나쁜 것만은 아니었구나'라는 생각에 이른다. 일이 조금 잘 진행된다 싶으면 여지없이 '이게 무슨 의미가 있나' 하며 감상에 빠지는 나. 신이 그런 내 습성을 알고 배려하며 성공을 늦추는 건 아닐까? 금세 자만과 상념에 젖어 사업도 삶도 망치니 느지막이 성공하라고. 삶에서 정작 중요한 게 뭔지 깨닫고, 그것을 소중하게 간직하고 지키고 정리하고, 나름대로 정의하면서 살라고. 성공을 제대로 알라고.

인간의 삶. 무의식 상태에서는 시간도 정지 상태라고 했던가. 내가 의식하지 않는다면 시간은 더 이상 없는 것. 죽음은 의식의 없음,

시간의 없음이다. 삶 자체가 없어지는 사건이다. 나는 언젠가 죽겠지만 그때까지도 내가 의식하는 삶이 없다면 그것은 부재다. 존재하지 않는 것이다. 느끼고 사랑하고 아끼고 그리워하는, 의식하며 살아갈 때 삶은 존재한다. 내가 나로 태어난 것, 지금의 나인 것은 신의 영역이다. '지금'은 내가 약속하지 않은 나에게 부여된 시간이다. 그 시간에, 그 나이에 무엇을 할지는 온전히 내 몫이다.

나는 사랑하는 가족이 있고, 그 가족을 그리워하고, 늘 사랑으로 함께하려 노력한다. 삶이 다시 원점에 선 날, 내가 좋아하고 아끼는 사람들을 더욱 사랑하고, 삶을 찬양하며, 생(生)의 가치를 섬기며 살리라는 마음속 다짐을 다시 약속한다. 내게는 삶이 있다. 그렇게 얘기할 수 있음에 감사하다. 그리고 내 삶에 대해 내 생각과 경험을 정의하고 정리하고 쓴다. 나를 쓴다. 내 삶이 글이고 책이다.

다시 열린 시간의 문

우리는 문을 통해 들어가기도 하고 나오기도 한다. 하지만 시간의 문은 늘 한 방향으로 들어가기만 하고 나오지 못하는 걸지도 모른다.

어젯밤 꿈. 시간의 문이 여러 개 보였다. 그중에는 들어간 자리로 나오는 문도 있었다. 시간 버튼은 선택에 따라 도착하는 곳이 달랐다. 문 하나를 열고 들어갔다. 내 삶에서 중요한 사람들을 만났다. 사회에서 비즈니스로 만난 인연을 10년 넘게 이어오는 A도 그중 하나다. 꿈속에서도 그는 당당하고 자신감 넘쳤다. 앞에 놓인 여러 음식 중에 뭔가를 집어야 하는 선택 앞에 선 나는 주저했다. 그때 A가 쓰레기통에 담긴 물을 퍼서 자신의 즉석요리에 담았다. 그 모습에 당황하다 눈을 크게 뜨고 보니 놀랍게도 물은 맑았다. 시간의 문을 열고 들어갔다가 그 문을 통해 다시 나왔다. 기이(奇異)했다. 꿈속에서도 그는 앞으로 반드시 고위 임원으로 승승장구할 것 같다는 느낌을 강하게 받았다.

시간의 문은 내게 가르쳐줬다. 당당하고 자신감 있게 살라고! 시간의 문은 늘 열려 있다며 지금이 끝이 아니라고! 지금이 기회라고! '지금'에 점 하나만 보태면 저금이 되고 자금이 된다. 점을 찍을지 안 찍을지는 우리 몫이다. 그 점의 연결이 내 삶의 궤적이고, 그 궤적이 미래를 보여주는 지도다.

'내가 할 수 있을까?'

주저하지 말고 행하라고 시간의 문이 말한다. 이제껏 열심히 달려온 나. 차분히 시간을 정리하고 정의하며 생의 두 번째 무대를 준비한다.

삶의 명령대로 vs 내 명령대로

아직 오지 않은 '올 것'에 대해

고객과 미팅을 마치고 집으로 가는 길. 지하철을 탈까 하다가 따릉이(서울시 공공 공유자전거)를 타야겠다고 마음먹었다. 그래야 실타래처럼 얽힌 머릿속이 정리되고 심란한 마음도 달래질 듯싶었다. 청담역 출입구로 내려가 동쪽으로 걸었다. 미팅, 고객들을 생각하며 무작정 걸었다. 어렴풋이 '집과는 멀어지는 방향인 거 같은데?'라는 생각을 하면서도 그냥 걸었다. 청담역은 큰 사거리 두 개에 양다리를 걸칠 만큼 길다. 내가 들어간 9번 입구에서 나온 12번 출구 간 거리를 지도로 확인해 보니 약 500m나 되었다. 따릉이는 13번 출구 앞에 있다. 가까운 곳에도 있었는데 멍하니 걷다가 멀리까지 와버렸다.

따릉이를 타고 영동대로를 따라 내려가 압구정 갤러리아, 한양아

파트 앞을 지나 성수대교 남단 사거리에 이르렀다. 그곳에서 압구정 중학교 쪽으로 길을 건널지 말지 잠시 고민했다.

'신호등이 빨강이네. 멈추지 말고 우회하자. 기다리기 싫어.'

성수대교 북단을 향해 오른쪽으로 따릉이 핸들을 틀었다.

'참, 이쪽에 강변 산책로로 내려가는 엘리베이터가 있었나?'

찜찜했지만 애써 무시했다.

'가다 보면 혹시 엘리베이터가 있을지도……'

애매한 긍정으로 그냥 직진했다. 남에서 북으로 강을 가로질러 가면서 건너편과 이쪽 편 길을 번갈아 두리번거렸다. 북단에 가까워질 즈음에야 반대편에 떡하니 강변 길로 내려가는 엘리베이터가 보였다. 우려가 현실이 되었다. 그저 바라만 볼 수밖에! 위험한 이 길을 무단횡단할 수는 없다. 이 길을 내려가 저쪽으로 다시 올라가야 한다. 그 엘리베이터를 타기 위해 길을 건너고, 왔던 만큼을 다시 갔다. 그만큼 늦어졌고 힘들었다.

미래! 아직 오지 않았지만 '그 시간까지 존재하는 한' 오게 돼 있는 것. 미래는 내가 지금 잠깐 외면한다고 해서 사라지거나 달라지지 않는다. 강변으로 내려가는 엘리베이터를 타려고 한다면 맞는 길을 선택해야 한다. 작은 변경이 그대로 미래의 내 삶에 영향을 미친다.

우리는 어떻게 될지 뻔한데 '어떻게 되겠지?' 한다. '혹시 괜찮을지도'는 결국 '괜찮지 않다'로 귀결된다. 나는 무심결에 내게 얘기한다. 이 길이 아니라고. 암시다! 내면에서 울리는 그 소리는 나만 듣는다. 무시하면 결국 나는 '괜찮지 않다.' 오늘 나의 미래가 예측 가능하므로 오늘이 미래다.

빨강 신호등이 보이는가? 신호등이 빨간 불이면 멈춰 서서 기다려야 한다. 신호를 무시하고 직진하든 피해서 딴 길로 가든 내 목적지는 바뀌지 않는다. 삶만 더 괴로울 뿐 무시하면 사고가 나거나, 외면하면 한참을 돌아가게 되거나다. 생에서 빨간 불은 곳곳에 켜져 있다. 다만, 내가 보지 못할 뿐. '이것은 아니라며, 여기는 아니라며, 이 사람은 아니라며, 지금은 아니라며, 이렇게 하면 안 된다'며 빨간 불이 들어오는 데도 알아채지 못하고 그냥 산다.

그렇다면 빨간 불을 보는 방법은 뭘까? 글쓰기다. 글을 쓰다 보면 내 마음이 암시하는 빨간 불이 보인다. 잘 사는 줄 알았지만 그렇지 않았음을 느낀다. 그게 무엇인지 구체적으로 알아버린다. 문제가 더 커지기 전 미리 고칠 수 있게 된다.

상류에서 문제 풀기

당신이 강가에서 친구와 소풍을 즐기고 있는데 갑자기 다급하게 외치는 소리가 들린다. 어린아이가 물에 빠졌다. 당신과 친구는 곧장 물에 뛰어들어 아이를 구해 강가로 데리고 나온다. 그런데 숨돌릴 틈도 없이 도움을 요청하는 또 다른 아이의 소리가 들린다. 당신과 친구는 다시 강물에 뛰어든다. 그게 끝이 아니다. 물속에서 허우적대는 아이가 또 보이고, 또 또 보이고, 계속 보인다. 두 사람의 힘으로는 구하기가 벅찬 상황이다. 그때 친구가 당신을 혼자 두고 물 밖으로 나간다.

"어딜 가는 거야?"

당신이 묻자 친구가 답한다.

"상류로 가서 아이를 물속에 던져 넣는 놈을 잡으려고!"

-사회운동가 어빈 졸라의 우화를 각색한 글(댄 히스, 업스트림)

직원 B가 허위 보고를 한 게 뒤늦게 발견됐다. 그로 인해 우리 회사에 대한 고객의 신뢰도가 하락했다.

"아니, 어떻게 이런 일이…… 제정신이야?"

매니저가 질책했다.

"죄송합니다……."

B는 아래로 떨군 고개를 차마 들지 못했다. 상심이 커 보여 별달리 문제 삼지 않고 시말서를 받는 수준에서 정리했다. 하지만 그게 아니었다. 허위 보고 한 건만 쳐다보다 연결된 다른 문제들이 발생하는 걸 막지 못했다. 이 일은 회사에 경종을 울렸다. 사고의 핵심은 바로 그런 허위 보고가 가능했던 시스템에 있었다. 문제의 발단을 보지 않고 사건에만 초점을 맞추는 바람에 회사는 큰 손해를 입었

다. 소 잃고 외양간 고치기 격으로 전체적인 운영 프로세스와 보고 체계를 재정비했다.

감기 등으로 컨디션이 좀 좋지 않을 때 우리는 보통 '큰일 아니겠지' 하고 넘긴다. 그런데 이런 증상들은 '휴식이 필요해요'라는, 몸이 보내는 신호다. 그 신호를 무시하고 무시하다가는 결과가 '큰 병'으로 이어진다. 불 보듯 뻔하다.

문제가 발생하면 발생 지점뿐만 아니라 근원을 찾아야 한다. 그런데 우리는 매번 '땜빵'으로 해결하려 한다. 힘들어도 상류로 거슬러 올라가야 한다. 그곳에서 물속으로 문제를 계속 던져 넣는 녀석을 잡아야 한다. 하류에서 일어나는 문제만 해치우며 그날 그 순간만 바꾸려는 건 하수다. 상류에서 문제의 원인을 해결함으로써 근본을 바꿔야 상수다.

"집에 수돗물 압력이 낮은데, 뭐가 문제인지 모르겠네."

장모님이 걱정하셨다. 어디서 물이 새나 싶어 알아봤지만 찾을 수가 없었단다. 최근 인테리어를 새로 한 업체에 얘길 하니 수도국에 연락해 알아봐 주겠단다. 며칠 후, 누수 탐지 장비를 갖춘 구청 수도 담당자가 왔다. 확인해 보니 집 앞 길 한쪽에 묻혀 있는 노후 상수도관에서 물이 새고 있었다. 구청에서 바로 교체작업을 했다. 그 후 처갓집 물은 콸콸!

상류를 바꾸고 오래 편안하게 즐길 것인가?

하류를 바꾸면서 잠시 한숨만 돌릴 것인가?

상류 바꾸기는 근원 바꾸기라 시간이 오래 걸리는 만큼 혜택도 오래 간다. 일어난 문제만 해결하는 하류 바꾸기는 단순하고 짧게 끝나긴 하나 혜택도 잠시뿐이다. 이 순간 내가 날마다 반복적으로 부딪히는 문제의 원인이 근본적인 것인지 다시 생각하고 정의해본다.

강을 건너는 가장 쉬운 방법은 강이 시작되는 지점에서 건너는 것이다. 그럼에도 세월은 흘러 어느 순간 하류에 이르고 만다. 언젠가는 모두가 만나게 될 지점이다. 그 지점에서 후회라는 감정을 예견한다면 상류에서 시작해야 한다. 자신의 삶을 하류로 취급하지 말고 상류로 가자. 나를 쓰면 상류로 가게 된다.

거부를 극복하는 힘

"Success is not final, Failure is not fatal:

it is the courage to continue that counts."

"성공은 최종이 아니다. 실패는 치명적이지 않다.

중요한 것은 계속하려는 용기다."

- 윈스턴 처칠

나는 주변에 글쓰기를 권한다. 아끼는 분들에게 선물하듯 자연스러운 권함이다. 살아가며 느끼는 많은 고민과 선택의 갈등 속에서 했던 내 행동이나 판단이 글을 쓰면서 정리되고 이해됐다. 나는 비즈니스맨이자 세일즈맨이면서 어쩌다 되어버린 작가다. 내 세일즈가 그때는 왜 안 됐는지, 됐을 때는 왜 됐는지, 어떻게 질문하면 더 효과가 있는지 글을 통해 정리했다. 그러자 많은 부분이 좀 더 명확해졌다. 그러면서 '내 마음 나도 몰라'라던 마음도, 평소 판단이 잘 안 서던 부분의 기준도 정리했다.

코로나 시국과 그 이후 감염병의 염려를 여전히 안고 살아가는 시대에 언제 어디서든 할 수 있는 것 중 하나가 글쓰기다. 격리든 아니든, 내가 어디 있든 상관없이! 그런데 사람들은 대부분 이 좋은 기회를 거부한다. 그 첫 번째 이유는 자기 부정이다.

내 주제에 글을?

스스로를 거부한다. 나는 글재주도 없고 그럴 만한 '깜냥'도 아니라고 자신을 거부한다. 베스트셀러가 되고 안 되고, 인플루언서가 되고 안 되고는 문제가 아님에도, 나이가 들었든 어리든 글쓰기에 거부반응을 보인다. 이해하면서 묻는다.

"혹시 글 한번 안 써본 사람 있나요?"

중학교까지 의무교육에 고등학교는 무상교육인 대한민국에서 짧든 길든 글을 안 써 본 사람은 없다. 경험이 없어 못 쓴다는 건 핑계다. 처음부터 잘 쓰려다 보니 선뜻 쓸 수가 없을 뿐이다. 영어를 배우면서 '말을 잘못할 것 같아서' 외국인 앞에서 말을 안 하는 것과 비슷하다. '잘못할까 봐' 나타나는 심리적 거부반응이다. 그게 발전을 막는다.

못해도 나를 탓할 사람은 없다. '왜 이렇게 못하지?'라며 스스로 탓할 뿐이다. 왜 무조건 처음부터 잘하려고 할까? 어릴 때부터 잘해야 좋다는 학습을 받았기 때문 아닐까 싶다. 기억이 가능한 때 이후로 주변으로부터의 칭찬은 뭔가를 잘했을 때만 들었다. 있는 그대로 칭찬받지 못했다. 엉금엉금 기어 다니기만 해도, 엄마 아빠를 '어마' '아바'라 해도 쏟아졌던 물개 박수를 받으려면 눈에 띄게 잘해야만 가능했다. 그래서 늘 잘해야 한다는 강박이 머릿속을 지배한다. 게다가 착하게까지 살라니 살기가 더 어렵다. 세상은 맑고 착하지 않다. 물이 너무 맑으면 고기가 못 산다. 나쁜 짓을 하라는 게 아니라 착하고 완벽한 바보가 되려다가 아무것도 못 하는 실수를 저지르지 말자는 뜻이다.

뿐만 아니다. 그다음에는 2차 부정이 기다린다. 2차 자기 부정! 용기 내서 글을 쓰고 나면 사람들이 알아주기를 기대한다. 처음에는 누가 볼까 두려워하다가도 쓰고 나서는 '사람들이 알아주겠지' 생각하며 기대한다. 그러다 다시 '역시 난 안 돼'로 결론을 낸다.

비즈니스 현장에는 고객이 올 때까지 기다리는 사람들이 있다. 그것도 아주 열심히! 자존감이 아닌 자존심이 하늘을 찌르는 사람들이나 기술 엔지니어, 학자 출신들이 특히 그런 모습을 종종 보인다. 그렇게 스스로 기회를 거부한다. 알리지 않는데 어떻게 안단 말인가? 고객이 써보지도 못했는데 어찌 좋은지 안 좋은지 알 수가 있는가?

물론, 방법을 몰라 기다리는 사람도 있다. 그런데 의외로 주변에라도 열심히 알리려 노력하면서 소개를 부탁하면 도움을 주는 사람들이 있다. 베스트셀러가 된《달러구트 꿈 백화점》을 쓴 이미예 작가의 이야기는 용기와 힌트를 준다. 대기업에 다니다가 전업 작가의 길로 들어선 그녀는 글을 쓰고 사람들에게 알렸다. 와디즈 크라우드펀딩을 통해 알리면서 책도 팔았다. 그 두드림이 꿈을 열어주었다. 만약, 블로그에 글을 올린다면 자기가 쓴 글뿐 아니라 다른 사람의 글도 열심히 읽으며 댓글도 단다. 상대 또한 내 글을 읽어주고 응원도 보낸다. 응원이 힘이다.

계속하는 용기

"작년에 여러 건 도전했는데, 성공 못 하고 성과로 연결되지 않아 좌절감이 들었어요."

신입 직원 C가 말했다. 내가 C에게 앞으로 회사 업무에 대해 어떻게 하려는지 물었을 때, 그녀는 앞으로의 계획을 말하기에 앞서 아픈 경험을 털어놓았다. 그렇다. 아프다. 아픈 상처는 아픈 기억을 남긴다.

도전에 따른 실패를 겪는 중이라면, 괜찮다. 도전했으니까! 도전에 따른 또 다른 실패를 겪고 있다면, 아주 괜찮다. '또' 도전했으니까! 도전했기에 실패가 있는 것. 아무것도 하지 않았다면 얻지 못했을 경험을 얻었으며, 실패한 만큼 성공의 가능성도 커졌으니까! 실패를 통해 어떻게 했을 때 실패하는지 알게 됐으니 앞으로 비슷한 실패를 할 확률이 줄어들었으니까!

절대적이고도 중요한 사실 하나가 있다. 도전을 계속하며 실패를 겪는 도중 실패의 수는 걸러지며, 나와 맞는 '성공에 대한 경우의 수'가 열린다. 반드시 열리게 돼 있다. 열 번 찍어 안 넘어가는 나무 없다. 열 곳에 도전장을 내면 그중 한 곳은 분명히 반응한다. 100곳으로 늘리면 반응한 열 곳 중 내게 기회를 주는 최소한의 한 곳을 만나게 된다. 100곳을 가다가 넘어졌을 때 다시 일어나기만 하면 된다. 20년 이상의 세일즈 경험에서 한 번도 틀린 적 없는 세일즈의 확률 법칙이자 10년 넘게 회사를 운영하면서 겪은 숱한 실패의 통찰이다.

실패를 계속하면서 좌절도 하고 술도 많이 마셨다. 친구를 만나 위로받을 때도 있었다. 이대로 정말 괜찮을까 고민하며 잠 못 이루기도 했다. 그런 시간을 보내고 견디고 이겨내다 보니 이제는 어지간한 실패에는 꿈쩍도 안 한다. 그게 뭔지 알고, 그 뒤에 오는 게 뭔지도 안다. 실패는 실패일 뿐 끝이 아니다. 성공도 성공일 뿐 종착지가 아닌 것처럼! 실패도 성공도 과정임을 알게 된다. 모든 것은 진행형이므로 실패했다면 그다음에 올 성공을 맞이할 준비를 해야 한다.

그러나 힘들다. 기다리기 지친다. 어디까지 언제까지 기다려야 하나 싶어 고심하며 괴로운 시간을 견딘다. 그 뒤에야 신기하게도 성공이라는 단맛을 맛보게 된다. 그렇게 꿀 한 방울 먹고 다시 일어나서 앞으로 가야 한다.

글을 썼는데 마음에 들지 않는가? 다시 쓰면 된다. 아직 토 나올
정도는 아니지 않은가? 자기 글을 자꾸 씹어서 토 나올 정도로 도전
하면 글이 맛있어진다. 앞에 윈스턴 처칠이 남긴 유명한 말을 기억
하는가? 그는 2차 대전이 막 일어난, 앞날을 알 수 없는 암흑의 시기
에 영국의 수상으로 임명되었다. 그리고 응원세력조차 없는 영국 정
가에서 숱한 반대와 도전을 물리치고 프랑스 덩케르크에 고립된 영
국군 포함 연합군 33만 명을 성공적으로 구출해냈다.

중요한 것은 실패로 인한 좌절감이나 잠시 스쳐 가는 성공의 기
쁨이 아니다. 어떤 일이 있더라도 계속하려는 용기다.

거부는 발전의 밑거름

사람들 앞에서 늘 매너 좋고 겸손한 세일즈맨이 있었다. 가끔은
'이 친구 허리를 너무 접는 거 아닌가?'라는 생각이 들 정도였다. 어
느 날, 그가 거래처에 전화해서는 한 임원을 바꿔 달라고 했다가 데
스크 직원에게 거절당했다는 얘기를 들었다. 그런데 나중에 들어보
니 그 임원과 연결이 됐다는 것 아닌가! 어떻게 된 건가 들어보니,
거절한 데스크 직원에게 오후에 다시 전화해 "내가 임원에게 연결

을 요청하는 건 매우 중요한 일 때문인데 연결 안 돼서 문제 생기면 책임질 거냐"면서 따져 물었단다. 그러자 데스크 직원이 당황하면서 미안하다고 했다나! 그냥 마냥 좋은 사람이 아닌, 일에도 높은 집중력을 보이는 친구였다. 어떤가? 이 세일즈맨이 잘못했는가, 거절했다가 바꿔준 데스크 직원이 잘못했는가?

거부는 당연하다. 우리에게는 본능적으로 거부가 내재화되어 있다. 외부로부터의 접근을 차단해 나를 보호하려는 동물적 본능이다. 반면, 자연계에는 또 다른 본능이 있다. 불균형의 힘, 즉 불균형에서 균형으로 가려는 힘이다. 물리학의 기본법칙이기에 거부할 수 없다. 그 요소만 찾는다면 오히려 거부에서 나오는 힘의 반전에 기대게 된다.

"물 분자의 기하학적 구조는 우주 전체에 지대한 영향을 미쳤다…… 그래서 H_2O의 산소 원자는 음전하를 띠고, 2개의 수소 원자는 양전하를 띤다. 그래서 어쨌다는 말인가? 어차피 물 분자는 전체적으로 중성인데 내부의 음전하가 산소 쪽으로 조금 치우쳤다고 해서 뭐가 달라지겠는가? 아니다. 그렇지 않다. 이 미세한 불균형이 없었다면 생명은 존재하지 않았을 것이다. 물 분자는 전하가 비대칭적으로 분포되어 있어서 거의 모든 물질을 녹일 수 있다. 음전하를 띤 산소 원자는 주변의 양전하를 무조건 끌어당기고, 양전하를 띤 수소 원자는 주변의 음전하를 무조건 끌어당긴다. 전하를 띤 물질이 물속에 오래 잠겨 있으면 물 분자의 양 끝이 전하 갈퀴처럼 작용하여 물질을 갈가리 찢어놓는 것이다."

―《엔드 오브 타임》 중에서, 브라이언 그린, 와이즈베리 출판

불균형은 힘을 가졌다. 그 불균형이 힘을 발휘하려면 일정한 시간이 필요하다. 불균형했던 산소 원자와 수소 원자가 서로 만나 균형을 찾아가는 과정이 세상의 물리법칙이다. 마찬가지로 내가 이루려고 하는 일도 불균형이고 거부도 불균형이다. 이미 완성돼 있던 게 아니다. 그러니 처음에는 거부반응이 있을 수밖에 없다. 그 반응을 자연스레 받아들여 내가 가진 것을 내어주고 그의 것을 취할 준비를 하면 된다. 시간이 힘을 보태면 자연스럽게 균형을 이룬다. 생명의 법칙이다.

거부를 당하면서 좋아하는 사람은 없다. 겉으로는 티를 내지 않더라도 심리적으로는 힘들다. '왜 나를 거부할까?' 하는 생각이 먼저 든다. 지난주에도 나는 몇 건의 거부를 당했다. 심리적 손상이 자연스럽게 내 안에 쌓였다. 다시 복기하면서 '어떻게 하면 거부를 덜 당할까?', '거부당하지 않을 대상은 어떻게 찾아야 할까?' 고민한다. 그렇게 발전한다. 세상에는 '나를 알아주는', '나와 맞는' 그 누군가가 어딘가에는 존재한다. 내 글이 거부당한다면 그것은 아직 인연을 만나지 못해서다. 알아줄 때까지 버틸 힘만 있다면, 나는 쓴다.

생각이 홍수처럼 쏟아질 때

생각을 멈추고 싶다

미용실.

"아, 오셨어요? 오늘도 전기자전거 타고 오셨어요?"

헤어 디자이너 A가 묻는다.

"아뇨. 오늘은 걸어왔어요."

"어머나! 얼마나 걸어오신 거예요?"

약간 놀라며 그녀가 묻는다.

"1시간 정도 걸었죠."

"1시간이나요?"

그녀가 또 한 번 놀란다.

"걸으면 복잡한 생각이 정리돼요. 늘 생각도 많고 머리도 복잡하거든요."

나는 1시간 넘게 걷는 배경에는 많은 생각을 정리하고자 하는 이유가 있음을 말하며 약간 뿌듯해했다. '생각에 젖어 가만히 있지 않고 움직였음에 스스로 자랑스러워', '나는 생각이 많을 때 걸어요'라고나 할까. 왠지 멋져 보이지 않는가!

"A 님은 생각 많고 복잡할 때 어떻게 하세요?"

내가 물었다.

그녀의 대답.

"저는 생각이 그렇게 많지 않아서요."

"아……."

나만 복잡한가? 나는 왜 생각이 많고 복잡하지? 생각이 많으니 욕심이 많을까, 욕심이 많으니 생각이 많을까? 가끔은 생각을 멈추고 싶다. 머릿속에서 끊임없이 솟아나는 생각들을 제발 잠시라도 안 하게 해달라고 기도도 해보았다. 바람대로 생각이 멈춘 적은 없지만……

내가 만나는 사람들 대부분은 생각이 너무 많다며 생각의 풍요로 인한 고통을 호소한다. 나는 캐나다와 한국을 오가는 삶을 사는 중이다. 가족이 캐나다에 있어 자주 가고 싶지만, 비즈니스가 허락하지 않을 때가 많아 그리움을 안고 산다. 그래서인지 더 생각이 많다.

생각이란 무엇일까? 어떻게 생각을 하게 되지? 생각이라는 활동이 이뤄지는 뇌는 무엇으로 구성되어 있지? 뇌의 단면을 현미경으로 확대해 들여다보면 마치 나무뿌리 같은 기묘한 모양의 세포들이 서로 엉켜 있는 모습을 볼 수 있다고 한다. 요즘 너도나도 다 얘기하며, 이것 없이는 미래가 없다고 하는 인공지능(Artificial Intelligence)도 이 뇌의 신경망 네트워크를 기반으로 만들어졌다니, 인간의 생각 구조를 잘 아는 것도 AI 시대에 사는 우리에게는 필요하겠다.

> "누구나 어린 시절 밤하늘의 수많은 별을 바라보며 우주의 광대함과 자연의 경이로움에 빠져본 적이 있을 것이다. 우리 주위를 둘러싼 자연과 우주에 대한 인간의 근원적인 호기심과 탐구정신은 과학기술의 혁명적 발전으로 이어졌고, 오늘날 찬란한 인류문명의 원동력을 제공했다. 그러나 막상 우리 몸속 내적 우주로의 탐구는 아직 걸음마 단계이다."
>
> —브레인미디어 칼럼 '브레스' 〈김승환의 뇌 이야기〉에서 발췌

뇌 속 머리카락 두께 정도의 생체 세포들인 뉴런(neuron)은 뇌가 정보 처리를 수행하는 최소의 구성단위다. 그리고 뇌 안에는 무려 천억 개나 되는 뉴런이 자리를 차지하고 있다고 한다. 또 천억 개의 뉴런 하나당 각각의 신경망 시냅스(synapse)가 만 개라고 하니 몇 개의 신경 가닥들이 만들어질지 상상조차 안 된다.

생각은 이처럼 뇌 속 수많은 세포 활동의 결과물이다. 따라서 생

각을 많이 하면 피곤해진다. 뉴런과 뉴런 사이를 왔다 갔다 하면서 얼마나 많은 에너지를 소모하겠는가! 생각이 많다는 게 나쁜 건 아니나 에너지의 유한성 관점에서 보면 효율적으로 쓰는(생각하는) 게 맞다. 생각도 잘 정리해서 필요한 부분에 집중해야 하는 이유다.

걷거나 쓰거나

그렇다면 생각 정리는 어떻게 해야 할까? 나는 두 가지 방법을 활용한다.

첫 번째는 '걷는다.' 걸으면 의외로 생각이 정리된다. 생각을 붙잡는 여러 복잡한 상념들이 하나둘씩 가라앉고, 중요한데 생각지 못했던 것들이 수면 위로 올라온다. 가끔은 좋은 아이디어도 얻는다. 게다가 몸도 좋아지고 기분도 개운하다.

두 번째는 '쓴다.' 복잡한 생각들과 해야 할 것들, 고민거리들을 노트나 화이트보드, 벽, 블로그 등에 쓰다 보면 자연스럽게 정리된다. 이리저리 얽히고설킨 생각의 그물들로 인해 안 보이던 관점도 본다. 새로운 관점은 일에 있어 새로운 국면을 만든다. 새로운 면을 보면서 문제인 줄 알았던 일이 문제가 아니라 쓸데없이 붙잡고 있는 집착임을 발견하기도 한다. 쓰면 문제가 간결해진다.

삶이 복잡하면 좋지 않다. 생각이 복잡한 삶은 불안으로 이어지고 만병의 근원이라는 스트레스를 만든다. 정신과 의사 가바사와 시온은 스트레스를 없애는 방법으로 '행동'을 꼽았다. 이불 속에서 '어떡하지, 어쩌면 좋지' 하며 고민할수록 불안은 커질 뿐이다. 불안이라는 에너지를 태우려면 몸을 움직여야 한다. 불안은 태울수록 줄어들고, 마음은 그만큼 편안해진다.

나는 한 번도 마음이 온전히 평화로운 적이 없었다. 그것은 어쩌면 죽음 뒤에나 올지도 모른다. 잘되고 있을 때, 잘되고 있다고 느낄 때가 오히려 위험하다는 말이 있다. 방심 때문이다. 방심할 때보다 불안요소를 없애기 위해 행동할 때가 더 안전하다. 사업이 잘되도록 열심히 사람들을 연결하고 만나는 행동, 그들과 나누는 많은 대화와 통찰, 내 실력을 키우는 독서와 정보 습득, 간결하게 생각의 방향을 정리하고 의사를 결정하는 행동들이 불안요소를 없애 준다.

생각이 많은가? 걸으면서 생각을 정리하고 써보라. 글거리는 부족하지 않다. 무한한 생각의 바다에서 건져 올리기만 하면 된다.

작은 일에 도전을

작은 일들을 반복하면 삶의 방정식이 되고, 성공의 방정식이 된다. 출근길 1시간. 나의 아침은 따릉이와 함께 출발한다. 비가 오거나 시간 또는 장소가 적절하지 않은 때를 빼면 대부분 따릉이가 내 출근 교통수단이다. 6개월 2만 원 요금제를 결제하면 하루 2시간까지, 여러 번 갈아타더라도 횟수 제한 없이 온종일 이용할 수 있다. 아침, 낮, 저녁으로 따릉이를 여러 번 탄 적도 있다. 요즘은 곳곳에 따릉이 거치대가 많아져 대중교통 이용이 애매할 때 타기도 좋다. 게다가 따릉이에는 없는 게 하나 있다. 바로 교통정체다. 꽉 막힌 도로를 차를 타고 가면서 늦지 않을까 노심초사하지 않아도 된다. 이용객이 많아져 날씨 좋을 때나 황금 시간대는 빌리지 못하는 아쉬움이 남지만, 이용의 편리함과 가성비를 생각하면 욕심 아닐까 싶다.

날씨가 갑자기 추워졌다. 영하로 떨어진 날 따릉이를 1시간이나 타고 가려니 내키지 않는다. 추우니까! 귀찮으니까! 힘드니까! 자전거를 타고 싶지 않은 이유는 많은데 타야 하는 이유는 한 가지다. 내가 정한 나의 루틴이니까! 하지만 루틴으로 타기 싫은 많은 이유를 물리치기는 어렵다. 그럼에도 따릉이를 탄다.

아침 출근 시간이면 늘 망설임이 발걸음을 잡는다. 얼마 전 차를 팔아 영락없는 뚜벅이 신세니 셈이 복잡해진다. 지하철? 버스? 택시? 잠시 고민하다가 따릉이 쪽으로 간다. 스마트폰 따릉이 앱을 열고 화면 아랫부분 '대여하기'를 누른다. 따릉이 안장 아랫부분 QR 코드에 카메라를 갖다 대면 자동으로 인식한다. 대여 시작이다. (가끔은 잘 안 될 때도 있으나 전보다는 훨씬 횟수가 줄었다. 이런 이슈를 바로바로 해결하려 노력하는 따릉이 직원들이 고맙다.) 그러고 나서 주머니에서 블루투스 이어폰을 꺼내 귀에 꽂는다. (따릉이 대여 전에 블루투스 이어폰을 끼면 따릉이 인식이 잘 안 될 때가 있다.) 스마트폰에서 오디오북 앱을 열고 플레이를 누른다. 따릉이 출근 덕에 귀로 읽은 책이 한 달에 열 권이 넘는다. 좋은 글들이 귀를 타고 넘어와 뇌리에 박힌다. 아주 좋은 생각이 떠오르면 잠시 멈춰 메모한다. 어느 아침에는 세 번이나 멈췄다.

2천 원에 다이소에서 산 귀마개가 제 역할을 톡톡히 하는 데도 춥다. '조금 더 가면 몸에 열이 올라오니까 괜찮아.' 머릿속으로 되뇌면서 다리를 휘젓는다. 발이 시리다. 이 무슨 개고생인가! 날씨가 추우니 한강 변에서 조깅하거나 자전거 타는 사람도 확연히 줄었고, 자전거 길도 한적하다. 코끝이 시리다. 얼어버릴 것 같다. 추운 날은 오늘만이 아니다. 신은 내가 원하는 날씨보다 싫어하는 날씨를 훨씬 더 많이 준다. 컨디션도 안 좋을 때가 더 많은 듯하다. 아니, 그렇게 느끼는 걸지도 모르겠다.

1시간을 달려 회사 근처 따릉이 거치대에 도착할 때면 찬바람이 쌩쌩 부는 겨울에도 땀이 촉촉하다. 허벅지 근육은 뻐근하고 기분은 상쾌하다. 작지만 기분 좋은 성공이다. 이 성공이 오늘 하루 나에게 용기를 주고, 겪게 될 많은 난관을 극복하는 힘이 될 것이다.

성공 방정식이라는 게 있다. 반복적으로 경험하는 작은 성공이 모

이면 방정식이 성립된다. '성공=(의지-귀찮음)×횟수'다. 횟수가 많아
질수록 삶에서 부딪히는 도전을 극복하게 해준다. 나는 아침마다 그
것을 경험한다. 글도 마찬가지다. 한 꼭지 한 꼭지 글을 써내면서 성
공 방정식을 쌓는다. 그렇게 모여 좋은 글이 되고, 책이 된다.

저자, 그 이후

이런 분들을 만난다고?

독자로부터 이메일을 받았다.

　"얼마 전 도서관에서 우연히 대표님의 책을 발견하고 읽게 되었습니다. 그동안 영업에 관련된 서적들을 여러 권 읽었지만, 프롤로그부터 '아, 이거다!'라는 느낌을 받기는 처음이었습니다. 한 장 한 장 넘길 때마다 같은 업계의 가까운 지인께서 말씀하시는 것처럼 가슴에 너무나 와 닿았고, 저의 부족함은 물론 발전해야 하는 부분까지도 깨닫게 되었습니다. 한 번에 다 읽기가 아까워 3일에 걸쳐 정독했고 일생 처음으로 저자에게 메일도 드리네요. 몇 번이나 강조하신 BANTC를 포함해 Inside Sales의 중요성, 다짜고짜 하는 영업이 아닌 체계적이고 지속 가능한 영업을 직설적으로 잘 표현해 주서서 많은 도움이 되었습니다."

서평은 몇 개 보았으나 이렇게 이메일을 받는 건 꽤 오랜만이었다. 독자가 저자에게 이메일로 글을 보내긴 처음이라고 했듯 저자에게 이메일 보내기는 생각보다 쉽지 않다. 내 이메일을 읽을까? 회신은 받을 수 있을까? 많은 생각을 한다. 책 두 권을 내고 나서 저자가 독자로부터 이메일을 받는 일이 흔치 않음을 알았다.

몇 해 전, 캐나다에 가려 할 때, 그 전에 만나고 싶은 사람을 책을 통해 만나게 된 경험이 있다. 토론토 지역의 네트워크가 필요했는데, 어떡하면 알고 있는 사람을 소개받을 수 있을까 고민하다 캐나다 관련 서적을 보고 저자에게 이메일을 보냈다. '저는 이러이러한 사람이고, 언제 가는데, 가게 되면 뵐 수 있을까요?'라는 내용이었다. 감사하고 신기하게도 회신이 왔고, 좋은 분을 소개받았다. 피드백은 하는 사람도, 받는 사람도 좋다. 얼마 전에도 한 책을 감명 깊게 읽었는데, 안타깝게도 저자는 이미 고인이었다. 이럴 땐 어떻게 피드백을 할 수 있는지 방법을 아는 독자는 이메일 부탁드린다.

2020년, 모 법무법인에서 회사로 전화를 하고는 이메일을 보내왔다.

"안녕하세요. 조금 전 유선으로 연락드렸던 법무법인 ○○ 교육 팀 ○○○ 과장입니다. 다름이 아니라 대표님께서 집필하신 《고객의 언어》라는 책을 접하게 되었는데, 당사 변호사님들의 세일즈와 마케팅 활동에 도움이 되는 내용인 것 같아 연락드리게 되었습니다. 저자이신 대표님께서 당사 변호사님들 대상으로 '고객의 언어' 저자 직강 또는 'B2B 세일즈' 강의 진행이 가능하신지 문의드립니다. 당사 강의를 진행하실 경우, 물론 강의 교안을 새로 만드시겠지만, 주로 진행하시는 강의 내용에 대해서 알 수 있다면 참고가 될 것 같습니다. 하여 주로 강연하시는 강의 내용 및 강사료(1시간) 등에 대해 회신 주시면 감사하겠습니다."

내 책을 보고 연락을 했단다. 두 번째 책을 쓰고 난 후에는 첫 책에 비해 강의 요청이 많지 않았다. 코로나로 외부 강의가 거의 불가능했으니 어쩌면 당연했다. 그 와중에 이 로펌에서의 강의는 특별했는데, 강의가 끝난 후 대표의 비서가 연락을 해왔다.

"대표님이 함께 식사 가능하신지 여쭤보시는데 가능할까요? 가능하다면 언제가 좋으신가요?"

당시 그 로펌 대표님을 만나 나눈 점심은 잊을 수 없다. 10여 년의 판사 생활을 뒤로하고 늦게 법무법인에 들어와 적응하려 분투한 이야기와 그분의 솔직하면서도 겸손한 태도에 절로 고개가 숙어졌다. 나는 책이 아니었다면 만나기 어려웠을 그분을 지인이 주최한

포럼에 객원으로 초대했고, 그 인연은 사적으로 골프 라운딩을 즐기는 관계로까지 이어졌다.

책은 내게 다른 세상을 보여줬다. 두 번째 출간된 내 책의 가치 중 하나는 이처럼 '나보다 훌륭한 독자를 만날 수 있게 해준 것'이다. 책이 감사하고 고마운 이유다.

또다시 쓴다

"《B2B 이미 하면서도 당신만 모르는 세일즈》. B2B 영업은 B2C와는 다른 버티컬 시장 및 기업고객에 대한 깊은 이해 그리고 경험에서 터득된다. 이 경험과 지식을 바탕으로 저자는 B2B 세일즈를 매우 이해하기 쉽게 전달한다. 고객의 냉담한 Cold Call 혹은 미팅을 잡지 못해 영업의 기회를 만들어가지 못하는 수많은 B2B 영업인들에게 청량제와 같은 친절한 지침서가 될 것이다."

첫 번째 책이 나왔을 때였다.

"그 바쁜 시간에 어떻게 책을 썼어?"

글을 쓰고 출간을 준비하면서 (내 느낌에) 고생을 너무 해서 생애 두 번째 책은 없다고 생각했다. 쓴 글을 10번 넘게 보다 보니 토가 나올 것 같았다. '이렇게 형편없었나?', '지난주 고친 글인데 또 이렇게 고칠 게 많아?', '또 고쳐야 해?' 하다가 나중에는 '이제 더 이상 못 고쳐!'를 외쳤다. 글을 쳐다보기도 싫었다. 그러고는 또 고쳤다. 그런 산고를 거쳐 첫 책이 나왔다.

 《고객의 언어》. 고객이 듣고 싶고 알고 싶은 말을 하라! 고객의 '괜찮네요'는 과연 어떤 뜻일까? 진짜 세일즈맨은 '고객의 언어'에 집중한다. 지금까지 마케팅과 세일즈를 다루는 책들은 '세일즈맨은 이렇게 말해야 한다', '어떻게 고객을 설득할 것인가?' 등 세일즈맨들이 사용하는 언어에 초점을 맞추었다. 그러나 세일즈에서 가장 중요한 것은 세일즈맨이 아닌 고객이다. 따라서 성공하는 세일즈맨은 자신의 언어로 말하기보다 '고객의 언어'를 듣는다. 모든 실패한 세일즈는 '세일즈맨의 언어'에 집착해 고객의 소리를 제대로 듣지 못해서 발생한다. 이제는 세일즈맨이 '고객의 언어'에 집중할 때다. 고객은 세일즈맨과 대화할 때 무슨 생각을 하고 있을까? 20년 경력의 세일즈맨이 들려주는, 반드시 알아야 할 진짜 세일즈 현장 이야기에 독자들을 초대한다."

"회사를 두 개씩이나 경영하면서 무슨 책을 써?"
"벌써 두 번째 책을 쓴다고?"
"안 바빠?"
마침내 두 번째 책이 나왔다. 첫 번째보다는 조금 더 수월했으나 힘들긴 마찬가지! 토 나올 것 같은 편집과정은 기본이었다. 그런데 조금은 익숙해진 탓인지 이러다 세 번째 책 나오겠다 싶은 생각이 살짝 스쳐 지나갔다.

"셋째? 미쳤구나!"

아이를 하나 더 갖고 싶다고 말했을 때 들은 아내의 화들짝 놀란 대답이 완전히 싫은 표정만은 아니었던 기억이 떠올랐다. 산고란 그런 걸까?

책을 쓰고 있다고 하면 사람들이 하나같이 이해가 안 간다거나 심지어 경이롭다는 식으로 얘기한다. 이렇게나 바쁜 사람이 책을 쓴다는 게 말이 되나 생각하는 듯한데, 바빠서 쓸 거리가 많다. 한가하게 노닐다 보면 얘깃거리가 잘 안 보인다. 바쁜 가운데서 나오는 에너지가 글쓰기의 원동력이다. 물론, 책을 내겠다고 결정한 후 기획서를 보내고, 출판사 미팅하고, 글을 쓰다 보면 창작과 편집의 고통을 이겨내야 하지만, 쓰고 나면 그 가치를 인정받으니 보람차고 기쁘다.

세 번째 책을 구상하고 쓰면서 벅차오른다. 쓰고 싶다! 글을 쓰고 싶다! 그 글이 모여 또 한 권의 책이 되었으면 좋겠다. 쓰다 보면 마음과 생각이 정리되니 바쁜 중에도 여유가 생긴다. 글 쓰는 시간만큼은 오롯한 내 시간이다. 나와 대화하면서 복잡했던 생각들을 정리한다. 쓰면 좋다는 걸 아니 쓰고 싶어진다. 할 일이 산더미처럼 쌓인 지금, 신새벽에 일어나 쓴다. 가끔은 미쳤다는 생각을 하면서도 글

쓰는 시간이 행복하다. 황홀한 미침이다. 머릿속 가득한 온갖 생각과 고민을 뒤로 물릴 만큼 글쓰기는 묘한 매력이 있다.

내겐 사치이자 여유인 글쓰기! 바쁨 속에서도 누리는 사치와 여유다. 책을 읽을 때의 여유처럼 책을 쓰는 여유도 있다. 샤넬, 에르메스, 루이뷔통 같은 명품으로 온몸을 휘감는 것만이 사치가 아니다. 쉽지 않은 의사결정과 어떻게 하면 인재를 잘 채용할까에 대한 고민, 간단치 않은 이메일 답장, 세일즈 콘텐츠와 계약서 초안 작성 등 즐비한 일 속에서 내겐 글쓰기가 사치다. 명품 두르기도 글쓰기도 사치일진대, 명품은 시간이 지나면 헤져 소용이 없어지지만, 글은 남아 늘 누군가에게 영감을 준다. 그래서 나는 글을 택한다. 그리고 오늘도 한껏 사치를 누린다.

강을 건너는 가장 쉬운 방법은

강이 시작되는 지점에서 건너는 것이다.

그럼에도 세월은 흘러 어느 순간

하류에 이르고 만다.

언젠가는 모두가 만나게 될 지점이다.

"내가
무슨 책을 써?"

김승환

저서

《머뭇거리는 젊음에게》

《왜 나만 착하게 살아야 해》

약력

- (현) 서울과학기술대학교 외래교수(2014~), FYC연구소 소장

  경민대학교 최고경영자과정 출강(2013~)

  생활문화시설 인문프로그램 인문 협업자(문체부)

- (전) 카네기 연구소 전문강사

  신협중앙연수원 · 경민대학교 외래교수

- 2006~현재 연평균 200회 2만 명 강의

- 전국 180여 개 대학 및 공공기관, 기업체 다수 강의

지금은 펜을 들 때

낯뜨거움에서 벗어나기

자기 목소리를 처음 들어본 때를 기억하는가? 당장이라도 꺼버리고 싶었던 그때! 누가 뭐라 하지도 않았는데 쥐구멍에라도 들어가고 싶었던 그 순간! 누구나 경험했으리라. 글도 마찬가지 아닐까? 내 글이 누군가에게 읽힌다는 건 어쩌면 드넓은 광장 한가운데 눈을 가린 채 홀로 서 있는 기분일지도 모른다. 아니면 고이 간직하던 짝사랑 편지를 들켜버린 기분이랄까?

그런데 간과하는 게 있다. 세상 사람은 내 글에 생각만큼 관심이 없으며, 관심이 있다면 그건 읽을 만한 글이라는 신호이니 걱정할 시간에 일단 펜을 들기를!

'당신은 삶의 무대에서 주인공인가요?'라고 묻는다면 우리는 선뜻 대답하기 어렵다. 아니, 왜 그런 질문을 하냐며 짜증을 낼 수도 있다. 왜 그럴까? 중요한 건 알겠는데 평소 생각해보지 못했던 질문이어서 그렇지 않을까 싶다.

이처럼 알 듯 말 듯 해 말로 하기는 어렵고, 표현하자니 애매모호한 것들이 많다. 그런데 그걸 글로 써야 하니 쉽게 펜을 들지 못한다. 어렸을 적 꿈꾸었던 작가라는 길은 언제부터인가 꺼내놓기 싫은 과거형이 되었고, 누구나 할 수 있다는 말에 위축되다가 화가 난다. 베스트셀러 코너를 기웃거리며 내 책이 꽂혀 있을 상상을 해보면서 다시금 주먹을 쥐어보지만, 글쓰기는 역시나 만만치 않다. 하지만 잊지 말자. 글쓰기는 항상 당신, 즉 주인인 나를 위해 기다리고 있다는 사실을……. 그러니 우선 문이라도 열어놓는 건 어떨까?

대학교 4학년 때 사랑에 빠진 적이 있다. 정확히는 짝사랑이다. 그녀가 알바하는 모습을 멀리 떨어져 훔쳐보며 글을 끄적였다. 그리고 20여 년이 지난 어느 날 펼쳐보니 내가 썼다고는 믿기 어려울 만큼 아름다운 한 편의 시가 눈앞에서 하늘대는 것 아닌가! 그때의 나에겐 어떤 힘이 작동한 걸까? 글쓰기의 '글'자도 모르던, 숫자로 공부하고 정확한 답을 내야 하는 공대생이 말이다. 아마 내 안 깊숙한 곳, 사랑의 감정이 꿈틀거림을 주체할 수 없어 글로 표현하고, 간절한 그 마음을 그 누구에게도 터놓을 수 없어 종이 위에 말했을 터였다. 돌이켜보면 그땐 글을 쓰려던 게 아니었다. 감정을 종이 위에 쏟아냈을 뿐이었다. 몸이 그러라고 재촉한 거였다.

우리는 이렇듯 시키지도 않았는데 글을 쓸 때가 있다. 누군가와 사랑에 빠지거나, 시련 당하거나, 슬픈 일에 잠길 때 그렇다. 이때가 바로 글쓰기의 문이 활짝 열릴 때 아닐까 싶다. 즉, 감정의 끝에서 글쓰기는 시작된다. 그때가 가장 나다울 때이며 나의 밑바닥 가장 아래쪽을 보았을 때다. 내 감정에 솔직해지고픈 몸부림이라고나 할까? 감정의 파도가 나를 때릴 때 적어 내려가자. 펜을 들기만 하면 된다. 그 누구도 아닌 나를 위해서…….

나만 아는 성장

사과를 좋아하는데 우리 집 식탁에 사과가 놓여 있다면 눈치 보지 않고 먹을 것이다. 그냥 먹는다. 인정받기 위해 먹지 않는다. 글쓰기도 그렇게 시작하기를 바란다. 화가 났다면 화난 채로, 짜증이 났다면 짜증 난 채로 글로 자신의 감정을 만나 대화를 나누어 보자. SNS에 올릴 필요도 없고, 공개하지 않아도 된다. 보여줄 때를 기다리자. 창피하다는 생각은 아직 나를 만나지 못해서.

자존감은 자신의 존재에 감사하는 것으로, 그러려면 '내가 무엇으로 존재하는가'를 알아야 하는데, 여기서 걸려 막혀버린다. 자존감이 높고 낮음은 어떻게 판단할까? 재산이나 명예 등이 아니라 '나의 존재를 무엇으로 드러내는가'에 달렸다. 그게 뭘까? 성과? 아니면 성장? 과연 그럴까? 성과는 눈에 보이나 성장은 그렇지 않다. 그래서 대부분 성과에 초점을 맞춘다. 하지만 글쓰기란 놈은 절대 성과를 보여주지 않는다. 웬만해선 드러내지 않는다. 그러니 글쓰기는 성장이다. 혼자만 아는 오묘한 성장. 내가 써야만, 쓰고 있어야만 느낄 수 있는 그것!

성장의 첫걸음 떼기는 자신의 글을 믿는 데서 시작한다. 자신을 믿고 사랑하는 사람만 글을 쓸 수 있다는 말이 아니다. 글쓰기를 통해 자신을 믿고 사랑을 확인하자는, 각자 주인공이 되자는 뜻이다. 그러므로 글은 누구나 써야 하며 쓸 수 있다. 다만, 완성된 글쓰기는 없다. 수정 보완할 부분은 늘 생기기 마련이다. 탈고 후 출판사와의 길고 긴 수정작업 과정에서도, 심지어는 내 글을 모두 버려야 할 때도 배울 게 보인다. 글쓰기로 끊임없이 나를 만나고 반응해야 하는 이유다.

이름을 100번 쓰라고?

수업 중에 자신의 이름을 정성껏 100번 적어보라고 한다. 처음엔 어리둥절하다 이내 적기 시작하고, 1분도 지나지 않아 진지해지는 모습을 보게 된다. 왜일까? 우리는 다양한 타이틀로 삶을 살아간다. 즉, 이름 앞뒤에 붙은 타이틀, 명함 앞뒤에 붙은 타이틀이 나를 증명하고 알려주는 내 정체가 되었다. 하지만 이름 없는 타이틀은 있을 수 없으니 이름의 소중함을 알고자 써보자는 것이다. 그러니 이름 쓰기부터 시작해 보면 어떨까?

혹 '이게 뭐야? 유치하잖아', '써본다고 뭐 달라질까?'라는 생각이 드는가? 그 생각은 나를 부정하고픈, 아니면 인정하기 싫은 판단이므로 일단 써보기 바란다. 50번 이상 쓸 때쯤 뭔가가 울컥 올라오고 내 인생이 파노라마처럼 스쳐 지나간다. 그 느낌을 적어보자. 그러다 보면 글쓰기에 힘이 생기기 시작한다.

어렸을 적 나는 600만 불의 사나이가 되기도, 미래소년 코난이 되기도 했다. 높은 곳에서 뛰어내려 다치는 친구들 때문에 학교에서는 부모님께 600만 불의 사나이를 못 보게 할 정도였다. 미래소년 코난은 또 어떤가? 수업 끝나기가 무섭게 친구들은 놀이터에 모여 각자 나름의 코난이 되지 않았던가? 물론, 로봇 태권브이가 되어 지구를 지킬 때도 있었다.

다음날 학교에 모여 어제 본 만화영화를 신나게 이야기하던 그때로 돌아가 보면 어떨까? 재미난 이야기(최불암 시리즈, 참새 시리즈)를 듣고는 친구들과 가족들에게 말하고 싶어 연습장에 이야기 줄거리를 적었던 기억도 새록새록 떠오른다. 어린아이가 되어 다시 한 번 미래소년 코난을 글쓰기로 만나보자. 그때의 추억을 소환해 글로 재탄생시켜 보자.

그다음 글쓰기는 보이고 들리는 것을 그대로 옮겨보는 일이다. 카페라면 바깥 배경을 글로 쓰거나 음악 소리, 옆 테이블 사람들의 대화 등이 될 테다. 보이는 것, 들리는 것을 적기는 생각보다 쉽지 않다. 게다가 '내가 왜 이 짓을 하나' 싶은 생각도 든다. 하지만 이 또한 일단 해보면 전에는 들리지 않던 새들의 소리, 어린아이 울음소리, 보이지 않던 지붕 위 돌멩이, 흔들리는 나뭇가지를 떠도는 참새가 보인다. 조용히 책을 읽고 싶은데 옆 테이블 사람들이 너무 시끄러워 방해되는가? 화가 나는가? 그렇다면 그 감정을 그대로 써보자. 자신의 감정과 느낌에 놀랄 때도, 인정하고 싶지 않을 때도 속이지 말자. 그렇게 조금씩 글쓰기의 힘을 길러보자.

아직도 창피하다 생각하는가? 그렇다면 글쓰기를 시작 못 할 수도 있다. 보여줄 것도 아니니 우선 한번 써보자. 쉽다고 생각하면서도 실행하기 어려운 이유는 생각이 가로막아 행동으로 옮기지 못하기 때문이다. 그럴 땐 먼저 문구점으로 달려가 고급진 펜을 사는 건 어떨까?

우선순위가 문제다

제자와의 약속을 지키지 못한 적이 있다.

"미안해 내가 바빠서……."

변명 아닌 변명을 했다.

그때 제자가 말했다.

"우선순위에서 밀려난 거예요. 바쁘다고 말하는 건 상대방에 대한 예의가 아니죠."

아! 쥐구멍에라도 들어가고 싶었다. 제자의 말은 정확했다. 바쁜 게 아니라 우선순위에서 밀려났을 뿐이다.

글쓰기는 시간 확보와의 싸움이 아니다. 시간은 얼마든지 확보할 수 있다. 일과 중 우선순위와의 싸움이다. 글을 쓰려면 글 쓰는 시간을 우선순위로 두어야 한다. 개인적으로는 아침에 일어나자마자 10분 동안 써보기를 추천한다. 주제도 맞춤법도 신경 쓰지 말자. 손이 가는 대로 당시의 기분을 적어도 되고, 어제 누군가에게 내고 싶었던 화를 풀어도 된다. 다만, 중요한 것은 시간 확보라는 점이다.

펜은 사셨는가?

온몸으로, 온몸으로!

온몸으로 써내는 글

시인 김수영은 시집 〈시여, 침을 뱉어라〉에서 말했다.

"시작(詩作)은 '머리'로 하는 것도 아니고 '심장'으로 하는 것도 아니고 '몸'으로 하는 것이다. '온몸'으로 밀고 나가는 것이다. 더 정확하게 말하자면, 온몸으로 동시에 밀고 나가는 것이다."

머리로 쓰는 게 아니라는 말에 왠지 마음이 놓이지 않는가? 그렇다. 글도 마찬가지다. 그런데 심장도 아니라고 한다. 온몸으로 동시에 밀고 나가란다. 어떤 의미일까?

대학교 1학년 때였다. 우산을 챙기지 못한 친구와 건물 안에서 비가 그치길 기다렸다. 하늘을 보니 지나가는 비 같지가 않았다. 버스

정거장까지 150m 정도 되는 거리를 뛰기로 약속한 우리는 가방을 머리 위에 얹고 냅다 뛰었다. 횡단보도를 건너려면 신호등에 맞춰야 했다. 그런데 친구가 그만 넘어지고 말았다. 그것도 보기 좋게 물웅덩이에……. 안쓰럽다는 생각은 단 1도 없고 창피하기만 했다. 순식간에 고민에 빠졌다. '일으켜 세워주어야 하나? 뛰어가는 속도를 멈추지 말고 정거장을 향해 계속 뛰어야 하나?' 난 멈추어 친구를 붙잡아 일으켰다. 나도 창피한데 친구는 얼마나 더 창피할까 싶었다.

그런데 예상치 못한 일이 벌어졌다. 어느새 우리 둘이 물웅덩이에서 어린아이마냥 발장구를 치며 놀고 있는 게 아닌가? 말은 안 했지만, 둘 다 이미 비에 젖은 몸을 포기한 상태였다. 그때 드라마의 한 장면이 생각났다. 비를 맞으며 물웅덩이에 함께 누운 연인이 하늘을 바라보면서 한없이 웃던 그 장면……. 그때는 이해 못 했는데 겪어보니 이해가 되었다. 젖은 몸으로 버스를 타야 하는 걱정은 온데간데없이, 누가 보든 말든 신경 쓰지 않는 내 모습이 보였다. 집에 가서 잔소리를 엄청 듣긴 했지만, 난 비 오는 날 우산이 없으면 그날이 가끔 떠오른다. 그리고 여지없이 입가에 미소가 지어진다.

내가 보고 듣고 말하고 느끼는 것. 그것이 결국 나를 나타내는 것이며, 온몸으로 밀고 나가 내 글이 된다는 것일까? 온몸으로 밀고 나가라는 말은 온몸으로 느끼고 반응하는 날것들을 글로 표현하라는 뜻이라고 나는 해석한다. 그런데 '동시에' 밀고 나가라고 한다.

여기서 '동시에'는 뭘 의미할까? 동시에 밀고 나가지 않으면 그 사이로 내 생각과 판단이 들어와 스스로 글을 방해한다는 걸까? 그렇게 세상을 향한 눈치와 여러 찌꺼기가 달라붙기 때문일까? 그렇다면 결국 온몸으로 글을 쓴다는 말은 진실한 나, 생생한 날것의 나를 만나야 한다는 의미이리라.

하늘을 보고 (그 날것의 느낌을) 그대로 적어보자. 눈앞 맛난 음식을 인증샷 찍듯! 누군가의 톡 한 줄이 기쁨을 주었다면 바로 써보자. 따뜻한 아메리카노 한 모금이 온몸을 감싸듯 스며드는 그 느낌이 사라지기 전에! 무언가를 덧붙이거나 보여주려 애쓰지 말고 있는 그대로!

뇌력, 심력, 체력 먼저

살다 보면 막막할 때가 있다. 괴로울 때도, 짜증이 나는 일도 있다. 그런데 우리는 이러한 모든 감정을 종종 '싫다'거나 '힘들다'라는 말로 퉁친다. 말로는 그럴 수 있으나 글은 다르다. 독자에게 정확히 전달해야 하므로 싫다면 왜 싫은지, 힘들다면 왜 힘든지 원인을 찾아야 한다. 막막한 이유는 모르기 때문이니 공부하라는 신호다. 즉, 뇌력을 키워야 한다. '괴롭다'면 체력의 문제일 수 있다. 아는데 체력이 따라가지 못하는 상황이다. 공부는 엉덩이로 한다고 했던가? 묵묵히 해야 하므로 체력을 키워야 한다. '짜증 난다'면 그냥 하기 싫은 것이다. 이럴 때는 심력을 키워야 한다. 이렇듯 내가 현재 뇌력, 심력, 체력 중 어디가 약한지, 어디가 강한지를 알아야 한다.

모르면 배워 알면 되고, 힘들면 운동을 통해 힘을 기르면 되고, 짜증 나면 마음을 다스리면 된다. 이 세 가지의 힘을 키우기에는 나는 글쓰기만 한 게 없다고 생각한다. 배운 걸 읽고 넘어가기보다 글로 써보면 더욱 기억에 남을 것이며(뇌력), 글은 온몸으로 쓴다고 했으니 몸에 힘을 길러야 하고(체력), 감정의 미묘한 흔들림을 적다 보면 객관화되어 감정에서 조금이라도 자유로워질 수 있다(심력). 게다가 지금 내가 어느 곳에 힘이 필요한지를 글쓰기로 알아가는 재미 또한 쏠쏠해진다.

뇌력, 체력, 심력을 기르기 위해 홀로 여행을 떠나보면 어떨까? 노트와 펜을 친구 삼아 마음 단단히 먹고 떠나보자. 다람쥐 쳇바퀴 돌듯 반복되는 일상에서 벗어나 보고 싶은 곳 보러 가고, 먹고 싶은 것 먹으면서 말이다. 물론, 친구와 함께해도 좋다. 하지만 친구와 맞추어 다니고, 맞추어 먹다 보면 트러블이 생기기 마련으로, 그럴 때는 상대를 통해 자신을 돌아보아야 한다. 친구가 내 글의 소재가 된다. 그게 힘들다면 홀로 여행을 떠나야 한다.

대학 수업에서 나는 학생들에게 말한다. 몸과 마음이 떨어져 있을 바엔 내게 사정을 말하고 마음이 가는 곳으로 몸을 이동시키라고!

애인에게서 이별 통보 문자를 받고도 강의실에 앉아 있다면 수업내용이 들어올 리 만무다. 그럴 땐 얼른 달려가 해결하고 오는 게 좋다. 그런 상황이라면 난 결석이나 지각 처리를 하지 않겠다고 첫 시간에 약속한다.

어느 날, 수업 시작 10분 전 한 여학생에게서 전화가 왔다.

"안녕하세요. 저 ○○○ 학생인데요. 오늘 갑자기 장어가 먹고 싶어서 여수 가서 장어 먹으려고요. 몸과 마음을 같이하라고 하셔서요. 저 결석인가요?"

그날 일을 다음 주에 리포트로 발표하면 결석 처리를 안 하겠다고 약속하고 응원을 해주었다. 그다음 주, 리포트를 여덟 장이나 작성한 학생은 신이 나서 발표를 했다. 한 달 동안 아르바이트해서 모은 돈을 모두 찾아 서울역 갈 때의 기분, KTX 안에서 읽을 책을 살 때의 기분, 아침에 말다툼하고 나온 엄마가 생각나 1시간 넘게 통화한 이야기, 오해를 풀고 싶었으나 용기가 나지 않았던 친구와의 통화, 여수 도착해 홀로 벽보고 앉아 먹었던 장어집……. 우리 모두는 한 편의 영화 보듯 이야기에 빠져들었다.

"돈이 아깝지 않았나요?"

누군가의 물음에 그녀가 대답했다.

"아까웠죠. 그런데 하루 동안 나에게 일어난 일이 내 인생 전체를 안아주고 위로해 주는 느낌이었어요. 다음에 또 돈이 모이면 이번엔 강릉에 한번 가 보려고요. 물론, 혼자서요."

김수영 시인의 '온몸으로 밀고 나가야 한다'는 말이 떠올랐다.

'이럴까?', '저러면 어쩌지?', '날 어떻게 생각할까?' 같은 생각의 판단들이 우리를 머뭇거리게 한다. 글 또한 그렇게 머뭇거리게 된다. 그러므로 느낌이 왔을 때, 뭔가가 떠올랐을 때, 판단도 생각도 하지 말고 동시에 밀고 나가야 한다. 한 달 용돈을 찾아 서울역으로 가야 한다. 그래야 나만의 글이 물 흐르듯 흘러나온다.

글쓰기 근력은 배워서도 아니고, 들어서도 아니며, 읽어서도 아니다. 온몸으로, 나의 오감으로 밀고 나가는 것이다. 80억에 가까운 인구 누구에게나 주어진 특권이자 기회다. 바쁘다는 이유로 머뭇거린다면 또 언제 할지 모른다. 여수에 가지 않으면 강릉도 없다. 지금 당장 펜과 종이를 들고 세상 밖으로 나가자. 핸드폰을 놔두고 바위에 걸터앉아 무릎 위에 노트를 펴고 써보자. 누가 알겠는가. 그때 갑자기 떠오르는 그 무엇이 있을지 그리고 그에 반응하는 내 몸과 마음이 하나 되는 느낌이 글쓰기의 매력임을, 쉼이며 행복임을 눈치채게 될지…….

낭송과 암송이라는 매력

"일어나! 일어나! 일어날 시간이야!"

아들내미를 깨우는데 일어나지 못한다. 말로만 깨우니 그랬다. 말과 함께 몸을 흔드니 그제야 뭉그적거리며 일어난다. 귀와 몸을 함께 자극해야 했다. '잠에서 깨어나듯 삶이 깨어나려면 말(소리)과 몸의 흔들림(진동)이 필요한가' 하는 생각이 들었다.

낭송과 암송의 재미에 푹 빠진 요즘이다. 글을 소리 내어 읽되 맘에 드는 문장은 암기한 후 소리 내어 읽는다. 소리 내어 읽기는 만만치 않다. 그래 본 지 꽤 오래인 데다 그렇게 할 수 있는 장소 구하기도 만만치 않다. 이 두 산을 넘어야 한다. 어쩌겠는가. 해봐서 좋으니 즐거이 넘을 수밖에!

낭송은 처음엔 어색했다. 무엇보다도 눈으로 읽을 때보다 이해도 늦고 잡생각이 들어 답답했다. 첫술에 배부를 수는 없다. 계속 소리 내어 읽었다. 반응이 나타나기 시작했다. 첫 번째는 잡생각이 줄어들기 시작하면서 주변의 시선에서 벗어나게 되었다. 두 번째는 척추를 바로 세워야 했다. (정확히 말하면 세워야 편했다.) 세 번째, 드디어 내용이 눈에 들어오기 시작했다. 시끄러운 지하철 안에서도 가능하다. 입안에서 웅얼웅얼 내 귀에만 들리도록 소리 내어 읽으면 된다. 요즘은 마스크가 오히려 도움이 된다. 네 번째는 20분 이상 읽다 보면 체력이 달려 피곤할 때는 졸 수도 있다는 놀라운 사실을 알게 된다. 만약, 소화불량이라면 낭송을 적극 추천한다.

낭송의 진짜 매력은 '말'이 아니라 '소리'라는 점이다. 말은 내용이 있으나 소리는 내용이 없다. 즉, 내 생각 없이 주어진 글을 읽기에 '내용이 없는 소리'라고 나는 정의한다. 말을 시작하면 지식이 마구 쏟아져 나온다. 모르는 말까지 아는 척하면서 쏟아낸다. 말이 나를 구속하면서 찌꺼기를 양산한다. 그동안 우리가 해왔던 모든 말은 자신의 판단에 따른 주장 아니면 의견이었을지도 모른다. 그래서 '말싸움하지 말라'고 하지 않는가!

낭송은 그런 나만의 생각을 차단하고 찌꺼기를 제거하는 행위였다. 아무 생각 없이 소리 내어 읽다 보면 그 찌꺼기들이 하나둘 떨어져 나가는 걸 느낀다. 어느 정도 떨어져 나가면 이해되기 시작하면서 눈으로 읽을 때보다 더 깊숙이 글을 만나게 된다. 그뿐인가! 건강에도 좋다. 몸 안 모든 장기를 흔들어 깨운다. 스님들이 새벽 예불을 드릴 때 목탁을 두드리며 낭송하는 이유도 그 때문이라며 '오호라!' 혼자 눙친다. 뭐니 뭐니 해도 직접 경험이 우선이니 낭송을 해보기 바란다.

특별한 방법은 없다. 자세만 바로 하고 소리 내어 읽으면 된다. 척추를 곧추세우고, 고개를 너무 숙이지 말며, 한 글자 한 글자에 집중해 읽어보자. 기어들어 가는 소리 말고, 누가 듣고 있으면 어쩌나 생각도 말며, 당당하고 크고 우렁차게 소리 내면 된다. 지금 이 글도 마찬가지다. 집에 아무도 없다면 아주 좋은 기회이니 꼭 시도해 보자.

다음은 암송이다. 암송은 말 그대로 외워야 한다. 바빠 죽겠는데 뭘 외우라는 말인가? 학창 시절 암기과목 표지만 봐도 토가 나왔는가? 그렇다면 더욱 추천한다. 역전의 기회를 맞았으니까! 암송은 하다 보면 3단계를 거치게 된다.

첫 번째는 걸리는 부분을 확인하게 된다. 단어 하나가 외워지지 않기도 하고, 접속사나 조사 하나가 걸리기도 한다. 그런데 하다 보면 자신이 어떤 단어와 어떤 문장에 멈추게 되는지 알아가는 재미가 느껴진다. 나를 괴롭힌 그 단어와 문장을 넘어섰을 때의 기분이란, 캬!

두 번째는 말발이 늘고 문장이 쌈박해진다. 나도 모르게 내가 암송한 작가의 글이 내 이야기 속으로 그리고 글 속으로 스며들기 시작한다. 표절 의혹을 받는 작곡가가 억울하다는 경우를 본다. 왜 그럴까? 음악을 많이 듣다 보니 그 음절이 몸에 새겨져 나도 모르게 곡으로 탄생하기 때문이라고 나는 생각한다. 암송도 그렇다.

　노동자 시인 박노해 님이 말했다.

　"말은 쉽게 통하지 않는다. 어떤 어휘가 통하는 사람과 만나고 사귀고 일하는가. 나의 어휘가 나의 정체성이다."

　그의 글을 암송하면 그의 어휘가 내 몸 안에 새겨진다. 내가 말하는 세 번째 단계다.

　낭송이 한 작가를 만나는 작업이라면 암송은 작가가 되어가는 과정이다. 그 작가의 글이 내 몸에 새겨져 단지 한 문장일지라도 그 작가로 빙의되어 보는 일이다. 낭송과 암송의 차이이자 매력이다. 또한, 낭송과 암송은 역사의 지혜를 따르는 길이다.

　내 글은 내 능력 그 이상도 이하도 아니다. 이는 글쓰기 능력을 키우려면 공부하듯 책을 읽어야 한다는 의미다. 독서가 취미가 아닌 공부여야 하는 이유다. 그런 의미에서 나는 낭송과 암송을 권유한다. 몸과 마음이 하나 되어 낭송과 암송으로 글쓰기 근력을 키워보자. 온 가족이 둥글게 모여앉아 '서유기'를 낭송하는 날을 기대한다면, 무리일까?

TIP

글을 수정할 때는 소리 내어 읽을 때(낭송)가 가장 잘 눈에 들어온다. 글 수정 단계에서는 꼭 소리 내어 읽어보자.

출력을 해야 해

"빼낼 때 기분이 이렇게 좋은지 이 나이가 돼서야 알았네요."

"무엇을 빼낼 때요?"

"화장실에서요. 하하……."

웃어넘기긴 했으나 머리로는 알 듯 모를 듯 분석하기 어려웠다. 지인의 표정이 자꾸 떠오른다. 그 시간이 얼마나 행복했으면 저렇게나 해맑게 웃으면서 말했을까? 지나고 나서 생각하니 절로 웃음이 난다. 지인은 이랬다.

"내 몸 안에서 좋은 영양분은 흡수하고, 필요 없는 찌꺼기 부산물들은 뭉쳐 덩어리가 되어 예쁘게도 밖으로 나올 때…… 와, 너무 신기하고 기적 같은 일 아닌가요?"

인간이면 누구나 매일 하거나 해야 하는 세 가지가 있다. 잘 먹고,

잘 싸고, 잘 자는 것이다. 옛 어른들이 말했던 복(福)의 기준이기도 하다. 이를 어기면 몸 여기저기가 고통스러워진다. 몸을 유지하기 위한 입력(먹고)과 출력(싸고) 그리고 충전(자고)이기 때문이다. 동물들도 똑같다. 생명체라면 대부분 포함된다. 잠을 자지 않는 생명체도 있다고는 하지만 뭐 거의 다 그렇다. 그런데 인간은 왠지 무엇인가가 더 있어야 할 것만 같다.

WHO에서는 건강의 정의를 네 가지로 말한다. 육체적 건강, 정신적 건강, 사회적 건강, 영적 건강이다. 먹고 싸고 자는 일은 이 중 육체의 건강을 위한 입력과 출력의 순환 활동이다. 그렇다면 정신의 건강을 위한 입력과 출력도 필요하지 않을까? 배설의 기적이 육체 건강을 위한 출력이듯…….

21세기 정보의 홍수 속에서 살아가는 우리는 과도한 입력에 노출되고 있다. 피곤한 출퇴근길에도 눈과 귀를 가만히 두지 않는다. 잠시 쉬는 시간에도 꼭 무언가를 보거나 들어야 한다. 종일 유튜브를 끼고 산다. 자유일유(자기 전 유튜브, 일어나자마자 유튜브)라는 말도 있다고 하니 슬프고 마음 아프다. 이 모든 것은 입력이다. 입력만이 넘쳐나는 하루를 산다.

우리가 쉽게 화나고 지치는 이유를 나는 과한 입력 대비 부족한 출력 때문이라 생각한다. 읽기만 하고 책을 덮는 순간 70%는 사라지지 않는가? 아무리 기억하려 해도 며칠 지나면 거의 모두를 잊어버리고 만다. 우리에게 지금 필요한 건 출력이다. 정신 건강을 위해 출력이 필요하다. 그것이 바로 글쓰기다. 언제까지 입력과 출력의 불균형으로 힘들어만 하고 있을 수는 없다.

스트레스 또는 참거나 여과 없이 분출했던 감정의 찌꺼기들은 또 어찌해야 한단 말인가? 이때 필요한 게 글쓰기다. 불순물을 배설하듯 꽉 막혀 있던 내 감정의 찌꺼기들을 쏟아내는 일이다. 여기서 글쓰기란 보여주기식 글쓰기가 아니다. 무작정 써 내려가는 글쓰기를 말한다. 친구에게 쌓인 스트레스를 호소하듯 종이 위에 풀어내자. 어디서 뺨 맞고 엉뚱한 데서 화풀이하지 말고 종이에 화풀이하자. 종이는 아무 말 없이 그대로 받아주는 고마운 친구다. 그렇게 출력을, 삶의 찌꺼기를 배설하자.

세상이 양과 음으로 서로 공존하듯 우리 몸은 출력과 입력의 균형을 맞추어야 한다. 지금이라도 늦지 않았다. 논리적으로 쓸 필요도 없고, 잘 쓸 필요는 더더욱 없다. 누구에게 보여줄 필요도, 자랑할 일도 없다. 그렇게 무작정 오늘 하루 나의 찌꺼기들을 손글씨로 없애버리자. 내 건강을 위하여…….

쾌락과 유희의 자극을 통한 출력에는 유효기간이 있다. 유효기간 안에 끝내지 못하면 더 강한 자극을 원하고, 시간이 지나면 중독이 된다. 알코올, 도박, 니코틴 중독이 그렇다. 좋다고 무조건 다 좋은 게 아니다.

억지로 하는 것과 좋아서 하는 것의 차이는 굳이 설명하지 않겠다. 그런데 좋은 것만 하면서 살 수 있을까? 불가능하다. 나는 우리가 삶에서 성과를 냈느냐보다 내 것을 내놓았느냐가 더 중요하다고 생각한다. 내 것을 내놓으면 몸과 마음이 가벼워진다. 하루에 단 10분이라도 글쓰기를 통해 내 것을 출력시켜야 하는 이유다.

정신없이 사는 사람은 무엇이 입력이고 출력인지 모르는 사람, 바쁘게 사는 사람은 입력과 출력 중 하나가 과다하게 많은 사람, 열심히 사는 사람은 입력과 출력의 균형을 맞추고자 노력하는 사람이라고 생각한다. 그러면 바르게 사는 사람이란 어떤 사람일까? 입력과 출력의 균형을 맞추며 편안한 하루를 보내는 사람 아닐까? 내가 무엇을 입력해야 하고 출력은 어떻게 해야 하는지 알고 사는 것, 그것이 바르게 사는 삶 아닐까?

입력은 더하기가 아니라 빼기 위한 만남이고 부딪힘이다. 출력은 빼기가 아니라 부딪힘에 의한 또 다른 시작이며, 새로운 입력을 기다리는 떨림이자 설렘과 기대다. 출력과 소진은 다르다. 소진은 사라짐이고 출력은 새로움의 시작이다. 나는 오늘도 손글씨로 세 쪽을 배설했다.

글쓰기라는 기둥이 준 선물

꿈이 너무 생생해 잠에서 깼다. 피곤했는지 다시 잠들었는데 다음 꿈도 생생했다. 첫 번째 꿈은 잊었지만 두 번째 꿈은 또렷하다. 등장 인물과 대사도 선명히 기억난다. 그러다 보니 왜 그런 꿈을 꾸었는 지 자꾸 생각한다. 우리는 왜 이렇게 꿈에 기대어 의미를 찾을까?

배에서 난간을 잡는 건 흔들리지 않기 위함이 아니다. 넘어지지 않 기 위함이다. 버스에서 손잡이를 꽉 잡을 때처럼……. 그렇다면 어떻 게 잡아야 할까? 몸의 힘을 빼야 잡기 편하고 손에 힘이 집중된다.

주변이, 상황이, 환경이 나를 붙잡고 마구 흔들 때 나는 뭘 잡아야 할까? 외롭고 쓸쓸하고 힘들고 우울할 때 부여잡고 버틸 만한 난간 이나 손잡이, 기둥은 뭘까? 어떤 때는 쓰러질 걸 알면서도 손을 놓기 도 한다. 기둥에 대한 집착에서 벗어나려던 걸까? 아니면 누군가로부터의 배신이었을까? 그것도 아니면 삶에서 도망가고 싶었던 걸까?

삶이 물 흐르듯 흘러간다면 좋으련만 절대 그렇지 않다. 왜일까? 흔들리지 않고 피는 꽃은 없다고 했다. 동서남북 할 것 없이 여기저기서 나를 흔들었다. 3년 전 나는 많이도 흔들렸다. 걸음은 불편했고, 마음은 너덜너덜 밑바닥으로 고꾸라져만 갔다. 몸과 마음이 함께 비틀거렸다. '오늘 하루만 잘 넘기자'고 다짐하며 그날그날의 기둥을 붙잡았다. 그랬다! 그때는 '오늘 하루만 잘 넘기자'였다.

3년이 흐른 지금 그때 내가 붙잡은 기둥을 생각해본다. 글쓰기였다. 손으로 종이 위에 쓰는 글, 말이 글이지 정확히는 용수철 모양의 글씨였다. 쓴 내가 봐도 읽을 수 없는 낙서 같은 마음의 찌꺼기들을 종이 위에 쏟아냈다. 그렇게 매일 새벽 나의 힘듦을 손글씨로 써 내려갔다. 오늘로(2022년 12월 4일) 손글씨가 1126일째다. 그리고 1일 1작(作)은 850일째다. 나의 든든한 기둥이 두 개가 된 셈이다.

기둥이 나에게 준 선물은 실로 크다. 몸과 마음이 제자리로 돌아왔음은 물론 가족과의 관계, 일과의 관계가 원만해졌다. 게다가 내가 하고 싶고, 해야만 하는 일을 찾았다. 그중 가장 큰 선물은 다음 책의 주제가 잡혀가고 있다는 점이다. 내 세 번째 기둥이다. 쓰잘머리 없는 일을 분별할 줄 알게 되고, 사람의 소중함을 알아 가볍게 연락하지 않게 됐으며, 멀리 보고 천천히 가야 하는 이유를 몸으로 느낀다. 떠오르는 문장 하나가 강의 소재가 되기도 하고, 꿈속 한 대사가 그날의 1일 1작이 되기도 한다. 누군가를 떠올리면 그 사람으로

부터 연락이 오고, 철학을 공부하니 또 철학 세미나와 인연을 맺게 된다.

신비로워 감사할 따름이다. 솔로몬의 절대반지에 새겨진 문구처럼 이 모든 게 지나가는 것임을 이제는 알기에 집착하지 않는다. 따지고 재는 것은 시간 낭비, 에너지 낭비일 뿐임을 뼈저리게 체감했다. 따지다 사랑하는 사람 떠나보내고, 계산기 두들기다 기회를 날린다.

그랬다. 꿈속에서 만난 이도 어제 내가 떠올린 사람이고, 오늘 1일 1작도 물 흐르듯 그냥 써진 글이다. 요즘 나에게 벌어지는 일들을 과학적으로 증명하기는 어렵다. 그렇다고 무조건 믿어 달라는 말도 아니다. 글을 쓰라는 강요나 부탁도 아니다. 그냥 떠올라서 글을 쓸 뿐! 그런데 기분이 좋다. 술술 써지는 이 느낌이 좋다. 나도 모르는 내 안의 뭔가가 글을 통해 나온다는 사실, 이 순간이 놀랍다. 논리적이니 문맥이니 기승전결이니 이런 건 잘 모르겠다. 그냥 그렇게 하루를 시작한다. 어제도 그랬고 오늘도 그랬듯 내일도 그럴 것이다.

당신은 지금 어떤 기둥을 붙잡고 있는가? 그리고 잡고 싶은 기둥은 무엇인가?

입력은 더하기가 아니라

빼기 위한 만남이고 부딪힘이다.

출력은 빼기가 아니라 부딪힘에 의한

또 다른 시작이며, 새로운 입력을 기다리는

떨림이자 설렘과 기대다.

"나도 흔적을
남기고 싶어!"

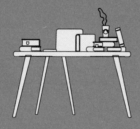

김성주

저서

《네트워크 마케팅으로 기업하라》

약력

- (현) New Business Plan Lab. 선임연구원
- 서울대학교 경영대학 협동조합 전문가 과정 수료
- CMBC(기독 실업인회) 58기 회장

위기에서 기회를 탐하다

봄바람이 불기 시작하면 동장군은 힘을 잃고, 나뭇가지는 흔들리며, 꽃이 피고 새가 지저귄다. 봄바람은 나뭇가지를 흔들고 그냥 지나가는 듯하지만, 겨우내 얼어붙었던 나무속 물길을 터주어 새싹을 움트게 한다. 봄바람이 남긴 흔적이다.

반백 넘어 만난 암초

인생 전반은 자유로운 싱글이었다. 젊은 시절, 일찌감치 교단이 아닌 비즈니스 세계에서 꿈을 펼쳐보고 싶어 진로를 변경했다. 회사 일로 일본을 왕래하며 해외업무를 하다가 독립해 회사를 세웠다. 아시아를 벗어나 더 넓은 공간을 바람처럼 넘나들며 살았다. 덕분에 많은 곳을 여행했다. 일과 여행과 운동을 즐기고 자유를 만끽하며 싱글로 보낸 세월이 자그마치 50년이 넘었다.

100세 시대의 반환점을 돌며 우여곡절 끝에 2009년 결혼했다. 슬금슬금 인생의 중심추가 나에게서 가족에게로 옮겨갔다. 잠자기, 밥 먹기, 외출 등 모든 계획이 아이들 중심으로 짜였다. 한 번도 살아보지 못했던 이 세상의 진정한 행복은 자유분방한 싱글의 삶이 아니라 사랑하는 가족과 함께하는 시간임을 알게 해주었다.

첫째가 태어나고 얼마 안 돼 나에게 두통을 겸한 천식이 찾아들었다. 백방으로 찾아다니며 치료하려 노력했지만 허사였다. 가보지 않은 병원이 없을 정도였다. 병명은 '상세불명 알레르기 천식.' 기침을 수반하는 천식은 어떤 질병보다도 사람을 난처하게 만든다. 특히, 식사 자리에서 증상이 나타나면 민망함에 어쩔 줄 몰랐다. 증상은 더욱 심해져 대인기피증까지 생길 지경에 이르렀다. 특히, 중동감기로 알려진 메르스와 작금의 코로나19 사태가 터지자 고립된 생활을 해야만 했다. 커다란 암초를 만났다.

건강관리에 어떤 결점이 있었을까? 어디서부터 잘못된 것일까? 누구보다도 열심히 운동하며 관리했다. 건강에 좋다는 음식을 챙겨 먹는 데도 많은 돈을 들였는데, 다양한 노력에도 별 효과가 나타나지 않았다. 도무지 이해가 안 되었다. '생각과 고민을 거듭하며 지내다가 이대로 삶의 마침표를 찍게 되는 건 아닐까?' 하는 두려움이 생겼다. 처음으로 진지하게 죽음을 생각했고, 그 또한 또 다른 시작일 뿐이며 삶의 일부분임을 받아들였다.

건강에 대해 너무 자만하거나 방심해서는 안 된다. 그동안 너무 자신했다. 건강은 건강할 때 지켜야 한다는 교훈을 되새기는 날들이 이어졌다. 그러는 중에도 시간은 속절없이 흘러만 갔다. 가장 중요한 시기에 허송세월하는 것 같아 안타까웠다. 어느 날 문득 지금 내가 할 수 있는 일은 무엇일까 고민했고, 사람 만나지 않고도 할 수 있는 일을 찾아야겠다고 생각했다. 최선이 아니면 차선책이라도 붙잡아야 했다.

젊은 시절 나는 미다스의 손이었다. 물론, 자칭이다. 하는 일마다 잘되었고, 돈 버는 일이 가장 쉬웠으며, 세상이 나를 위해 존재하는 듯한 착각 속에서 보내기도 했다. 일본을 왕래하며 비즈니스를 할 때는 은행 업무를 지점장실에서 보았다. 새로운 마케팅 공부, 미국과 대만과 한국에서 교육하던 일, 자유롭게 다닌 세계 여행은 참으로 멋진 추억이었다. 그 경험들이 사장되지 않게 글로 잘 정리해보고 싶다는 생각이 들었다. 내 삶의 흔적이 누군가에게는 도움이 되리라는 믿음의 발로였다. 그리고 그중 하나가 네트워크 마케팅에 관한 이야기였다.

네트워크 마케팅은 매우 매력적이다. 알면 알수록 더욱 빠져들 수밖에 없다. 그런데 왜 그 매력을 인정받지 못할까? 이유는 간단하다. 어두운 그림자를 양산했기 때문이다. 그림자는 분명 빛에 의해 만들어지는데도 세상은 빛의 존재는 외면한 채 그림자만 본다. 하지만 우리는 그림자는 절대 혼자 존재할 수 없으며, 빛이 밝으면 밝을수록 더 짙어진다는 사실에 주목해야 한다.

네트워크 마케팅은 성능이 매우 좋은 기계와 같다. 비행기로 치면 시간을 줄여주는 초음속 여객기랄까? 반면, 많은 시간을 벌어주는 만큼이나 실수하면 대형 사고로 번질 가능성도 크다. 그러니 잘 활용하도록 사용법도 익히고 훈련도 해야 한다. 네트워크 마케팅은 30년 걸릴 실적을 단 1년으로 단축시켜 줄 수도 있다. 태생적으로 엄청난 효용성을 간직했으니 누군들 그 매력에 빠지지 않겠는가! 그래서 짝퉁도 많이 생긴다.

누군가에게는 길잡이가 되고, 또 누군가에게는 참고서가 되는 그런 책을 만들어보고 싶은 꿈을 간직해왔다. 건강 때문에 일은 손에서 놓았지만, '넘어진 김에 쉬어 가자'라는 생각으로 조급증을 달래며 꿈을 향해 한 발씩 전진키로 했다. 생각 속에만 갇혀 있던 꿈을 세상 밖으로 끄집어내기로 한 것이다.

죽음이 쥐어준 용기

2007년 7월 말에서 8월 초, 다니던 교회에서 3일간 전교인 수련회를 속초 바닷가 근처 교회로 다녀온 적이 있다. 둘째 날 자유시간이 주어졌는데, 일부는 수영하러 바닷물 속으로 들어갔고, 남은 사람들은 울산바위로 향했다. 예전에 한 번 올랐던 울산바위를 다시 올라보고 싶어 시원한 바다의 유혹을 뿌리치고 울산바위 쪽으로 가기로 했다. 땀으로 목욕하며 산을 오르던 중 뒤를 보니 왜소해 보이는 한 여성이 따라오고 있었다. 가파른 오르막 산길이라 건장한 사람도 등정이 쉽지 않은데 그분은 암 환자였다. 울산바위 앞에서 잠시 쉬었다가 내려가는 길에 8부 능선 즈음을 씩씩거리며 오르는 그분을 다시 만났다.

"힘들지 않으세요? 그만 같이 내려가시죠."

말을 건넸다.

"아니요! 지금 아니면 다시는 올 수 없을 것 같아요. 그래서 포기할 수가 없어요."

단호하게 대답하며 걸음을 재촉하는 그녀의 몸과 옷은 이미 땀으로 뒤범벅되어 얼룩덜룩했으며, 얼굴은 사색(死色)이었다. 당시 나이 56세. 암은 전이가 심해 수술 불가였고, 삶도 얼마 남지 않은 시한부였다.

그러나 그분은 병원이 수술을 포기한 이후부터 삶이 완전히 달라졌다. 그동안 배우지 못했던 한글에 대한 한을 풀기 위해 성인들을 대상으로 하는 학교에 다니며 한글을 깨우쳤고, 돈이 없어 수술을 못 하는 암 환자에게 수술비를 지원하는가 하면, 운전면허증 시험에 도전해 당당히 합격하기도 했다. 도전의 연속이었다. 생활방식을 바꾸어 그렇게 긍정적이고 적극적으로 살았던 그분은 울산바위를 올랐던 그해 늦가을 소천했다. 시한부 선고를 받았던 날보다 약 1년 가까이 더 살다 하늘의 부름을 받았다.

이생에서 단 한 번도 써보지 못한 운전면허증! 실제로 자동차를 운전하기 위해 운전면허증을 딴 게 아니다. 단지 못 배운 한을 풀고 싶었고, 평소 소원을 살아생전 이루려고 한 것뿐이다. 그래서 한글도 배우고 운전면허증도 취득했다. 얼마나 행복했을까! 죽음 앞에서 보여준 그분의 용기 가득한 삶은 내 가슴속에 오래오래 기억될 것 같다. 하고 싶은 일은 죽기 전에 반드시 도전하라는 울림으로 남아서…….

뭘 해보기나 했는가?

"우물쭈물하다가 내 이럴 줄 알았지."

버나드 쇼의 묘비명으로 알려진 글귀다. 그는 아일랜드 출신 최고의 극작가로 노벨문학상을 받을 만큼 많은 걸 이룬 사람이다. 게다가 무려 94세까지 장수했는데, 그런 그의 묘비명에 적힌 글귀로는 어쩐지 어울리지 않는다. 게으름을 피우거나 망설이며 시간을 허비하고 있을지도 모르는 나 같은 사람들을 위한 교훈이자 꾸짖음이라는 게 더 적절하다. '무얼 망설이는가? 그런다고 시간이 기다려 주리라 생각하나? 망설일 만큼 인생은 길지 않아. 그러니 하고 싶은 일이 있으면 당장 시작하라'라며 내 등짝을 후려치는 말로 읽힌다.

정신이 번쩍 드는 충고에 머릿속에 갇혀 자칫 무덤까지 가지고 갈 뻔했던 생각들을 밖으로 끄집어내기로 했다. 시간을 낭비하지 말고 지금 당장 시도하라는 뜻이 담긴 그 말은 나에게 분발을 촉구하는 채찍이 되었다.

대한민국이 지금처럼 되기까지는 다시 보기 어려운 불세출의 영웅들이 있다. 그 가운데 누구 하나 소중하지 않은 사람이 없겠지만, 특히 정주영 회장을 빼놓을 수가 없다. 그는 실제로 이룩한 업적도 많고 후세에게 남긴 교훈으로써의 가치도 크다. 그중 조선소를 짓기 위해 영국 은행에서 돈을 빌릴 때의 일화는 너무나도 유명하다.

"조선소도 없고, 큰 배를 만들어본 경험도 없는 조그만 나라에서 온 당신에게 어떻게 그 큰돈을 빌려줄 수 있겠는가?"

영국 은행장의 질문에 그는 우리는 이미 500여 년 전에 세계에서 가장 먼저 철갑선을 만든 나라임을 증명해 보였다. 500원짜리 지폐에 새겨진 거북선의 가치가 정주영에 의해 빛을 발하게 된 것이다.

또 서산간척지를 만들 때의 공법은 기상천외 그 자체였다. 방파제 마지막 구간에서 좁아진 통로 때문에 생기는 급류로 인해 물막이 공사가 난항에 빠져들었다. 전문가들과 기술자들이 머리를 맞대었으나 급류를 막을 뾰족한 방법은 나오지 않았다. 그때 그는 수명을 다한 거대한 화물선을 가라앉혀 급류를 막았다. 방법이 꽉 막힌 상태에서 간단하게 해결한 그의 지략은 어떤 석학들의 그것과도 비할 바가 아니었다. 세상에 없던 공법! 그는 어떤 악조건하에서도 희망을 건져내는 탁월한 능력의 소유자였다.

'생각하는 불도저'라는 별명을 획득한 그의 말 중에서 "임자, 해보기는 했어?"는 최고의 질책이었다. 평범하지만 이 말이 가진 힘은 실로 대단하다. 해보지도 않은 채 머릿속으로만 계산해보고 '못 한다' 또는 '안 된다'고 손사래 치는 태도를 가장 못마땅하게 생각했던 그였다.

사람은 아는 것만 바라보며 아는 것만 하려는 습성이 있다. 아는 만큼 보이는 것도 사실이긴 하다. 하지만 그는 안 되면 되도록 하고, 그러기 위해 독창적이고 창의적인 방법을 찾아냈다. 그의 위대한 업적 대부분은 그런 장점으로 탄생했다.

'일단 해보자! 안 되면 되게 한다!'

이런 정신이 6.25전쟁 후 폐허가 되었던, 자원조차 별로 없던 가난한 나라를 오늘날의 대한민국으로 이끈 원동력이었으리라. 원조를 받던 나라에서 원조하는 나라로 탈바꿈한 일은 절대로 우연이 아니다. 나도 그와 같은 정신으로 내 나름의 작은 흔적이라도 남기길 꿈꾸었다!

맞닥뜨린 두 번의 절망

내가 글을 쓰려는 분야는 경제의 마케팅 쪽이었다. 자칫 딱딱하거나 논문처럼 될 소지가 다분했고 실제로도 그랬다. 서론, 본론, 결론에 충실히 맞춰 순서대로 내용을 정리하고 있었다. '논문 같은 딱딱한 글을 누가 읽을까? 어떻게 하면 소설처럼 편안하게 읽히는 글을 쓸 수 있을까?' 생각했다.

또 하나는 타깃, 즉 독자들을 염두에 두고 글을 써야 한다는데, 내가 희망하는 글은 독자들에게 해주고 싶은 말이다. 독자들 입맛보다 내 입맛에 우선하는 내용을 두고 고민하지 않을 수 없었다. 하지만 내가 구상한 책의 고객은 마케팅 분야의 새로운 지식에 대해 알고 싶어 하는 사람들이다. 결국, 독자들에게 도움이 될 참고서나 안내서처럼 쓰기로 마음먹었다.

빼앗긴 글

책을 내려면 출판사에 투고해야 한다는 것 빼고는 아무것도 몰랐다. 어렵게 쓴 원고에 사연을 덧붙여 몇 곳의 출판사에 이메일로 보내고는 연락이 오기만을 기다렸다. 시간이 한참 지났는데도 어느 곳에서도 깜깜무소식이었다. 기다리다 지친 나머지 출판에 대한 기대를 접은 채 한동안 잊고 지냈다.

몇 개월이 지났다. 원고의 완성도를 더 높여 다시 시도해 보기로 했다. 한 번 실패하고 나니 책 내용도 중요하지만, 출판에까지 이르려면 어떤 경로를 거쳐야 하는지도 고민하지 않을 수 없었다. 그러다 출간기획서라는 것을 알게 되었고, 그것의 작성을 위해 인터넷 서점을 샅샅이 뒤졌다. 또 같은 분야에서 참고가 될 만한 책을 열다섯 권 정도 구입해 살펴보았다. 이미 출간된 책들과의 차이점과 경쟁력 및 행여라도 표절 논란에 휩싸이거나 은연중 영향을 받게 될까 봐 주의해서 살펴보았다.

이때 중점적으로 본 부분이 있다. 프롤로그와 목차 그리고 서평이었다. 그러다 목차부터가 심상치 않은 책 하나를 발견했는데, 내용을 자세히 보니 내가 전에 투고했던 글과 90% 이상 일치하는 것이 아닌가! 일부분을 덜어내고 10%가 좀 안 되는 부분을 임의로 첨가한 듯 보였다. 망치로 뒤통수를 맞은 느낌이었다. 게다가 저자조차 없는 그 책은 자그마치 5쇄나 인쇄되었다.

출판사에 전화해 자초지종을 따졌다. 자기들은 시중에 떠돌던 내용을 정리해 책으로 만들었노라고 해명했다. 만약에 법적으로 책임질 일이 있으면 그렇게 하겠다는 대답도 들었다. 하지만 법적으로 해결하기는 간단치 않다. 원고에 대해 공식적으로 저작권을 확보한 상태도 아니니 많은 시간과 비용이 요구됨은 불 보듯 뻔했다. 함부로 투고해서는 안 된다는 교훈을 경험을 통해 뼈저리게 체험했다.

이런 경험에 의하면 투고는 편집자와 통화한 후에 해야 하며, 출판사 측의 검토와 결과를 확인하고 원고를 회수하는 일까지도 소홀히 해서는 안 된다. 또 원고를 넘길 때는 수정이 안 되는 PDF 파일로 넘기는 게 좋다. 그렇다고 해도 통째로 넘기는 일은 지양해야 한다. 출판사 측에서 원고를 다 읽어보기도 어려우며, 만약의 경우 유출 가능성도 감안해야 하기 때문이다.

출간기획안이 원고가 채택되는 좋은 방법임을 좀 더 일찍 알았더라면 얼마나 좋았을까? 원고 대신 출간기획안을 활용했더라면 그런일은 방지할 수 있었을 텐데, 이미 엎질러진 물이 되어버렸다. 마음 상하고 화도 났으나 결과를 알 수 없는 법적 절차로 시간을 허비하지 않기로 하고 더 나은 글을 쓰기로 작정했다. 쉽지 않은 결정이었지만 과거에 매달려 시간과 에너지를 소진하기보다는 미래를 선택했다. 내 글이 어떤 평가를 받을지 궁금하고 두렵기까지 했는데, 아이러니하게도 책으로 출간되어 5쇄까지 제작되었다는 사실에 기뻤고, 용기도 얻었다.

날려버린 원고

어렵사리 다시 용기를 내어 글을 쓰는데 노트북이 오래되어 속도가 느렸다. 원고를 작성하다 저장하는 일이 수없이 반복되었다. 수시로 작성해 놓았던 메모들을 찾아 참고하고 정부의 통계청 사이트를 드나드는 도중에도 너무 느리니 불편이 이만저만 아니었다. 속도 개선이 절실했다.

컴퓨터는 독학으로 배웠다. 한글과 영문 타자 자격증을 땄으니 자판 두드리는 덴 문제 없었다. 하지만 컴퓨터와 인터넷 관련해서는 용어조차 생소하던 터라 수많은 시행착오는 물론이고, 수모도 많이 당했다. A/S 신청이나 부품 구입을 위해 통화하다 보면 잘 알아듣지 못하니 상대의 말투가 퉁명스러워지기 일쑤였고, 한심하다는 어투가 수화기 너머로 감지되기도 했다. 모르는 게 죄, 아는 게 힘임을 새삼 경험하는 순간들이었다.

어느 날, 노트북 속도 개선을 시도하다가 사고를 치고 말았다. 실수로 포맷을 해버린 것. 모든 자료가 사라졌다. 힘들게 작업했던 모든 수고가 한순간에 날아가 버렸다. 앞이 캄캄했다. 또다시 절망과 조우하게 되었다. 포렌식 전문 업체에 노트북 복원을 의뢰했다. 포렌식은 미국의 프로그램을 이용하기에 워드로 작성한 문서는 복원되고 한글 문서는 복원이 안 된다고 했다. 내가 사용한 프로그램은 한글이었다. 큰 비용을 내고도 그동안 심혈을 기울여 작업했던 원고 복원에는 실패했다. 아이들 성장과정을 찍어놓은 사진은 대부분 복원했다는 사실을 위안 삼았다.

그러나 수년간 구상하고 기억을 되살려 어렵사리 작성한 원고를 한순간에 잃어버린 충격을 대신할 수는 없었다. 세상을 잃어버린 듯 절망감이 찾아왔다. 앞이 캄캄하고 허탈했다. '내가 글을 쓴다는 건 헛된 일인가?' 백업 안 한 불찰을 후회하고 또 후회했지만 이미 늦었다. 그런데 그때 성찰이 찾아왔다. 글쓰기를 포기하는 게 더 고통스러우리라는 생각이 들었다. 다시 글을 쓰지 못한다면 죽을 때까지 후회하게 될 것만 같았다. '하늘이 무너져도 솟아날 구멍이 있다고 하지 않는가!' 정신을 가다듬어 다시 시작하기로 했다. 세월은 기다려주지 않는데, 고통의 시간이 내 안에 오래 머물도록 두어서는 안된다는 오기가 끓어올랐다.

먼저 기분 전환을 위해 성능 좋은 노트북을 마련했다. 그리고 휴대용 USB를 준비해 처음부터 다시 시작했다. 백업도 매일 했다. 한 송이 국화꽃을 피우기 위해 봄부터 소쩍새가 울고, 먹구름 속에서 천둥이 그렇게 울었다는 서정주 시인의 시를 떠올리며 작업을 이어갔다. 소쩍새도 울고, 천둥도 울고, 나도 울었다. 고통을 먹고 피어날 국화꽃을 생각하면서 희망의 불씨를 지폈다. 매일매일 조심조심 쓰기 시작한 글을 철저하게 갈무리하는 한편 저장 파일도 날짜별로 만들어두었다. 사후약방문이었지만 나로서는 꼭 해야 하는 작업이었다.

삶에서 경험이라는 나이테가 한 줄 더 생겼다. 두 번에 걸쳐 절망에 이르게 했던 사건들이 결국은 나를 더욱 단단하고 견고하게 만들었다.

뜻이 있는 곳에 길이

글은 쓴다지만 책은 어떻게?

출판 관련 정보나 그 과정에 도움을 받을 수 있을까 싶어 웹서핑을 하다가 크라우드 펀딩을 알았다. 출판에 필요한 자금을 모으는 펀딩, 작가들이 작가 지망생들을 모아 멘토링해 주는 펀딩도 있었다. 후자는 월 8만 원을 내고 일주일에 한 번씩 글을 써 보내면 멘토 작가가 읽고 피드백을 해주는 형식이었다. 작가 한 명에 지망생 4~6명 정도가 배정되었다. 시집을 낸 작가가 나와 연이 맺어졌다. 기대에 부풀어 열심히 시도했으나 피드백은 생각만큼 잘 이루어지지 않았다. 마케팅 분야라서 작가가 잘 모른다는 이유에서였다. 결국, 두 달 만에 중단하고 말았다.

다음은 브런치였다. 글을 써 브런치에 올리면 책으로도 출간 가능하다고 하길래 곁눈질을 했다. 그런데 하필이면 그때 바쁜 일이 겹쳐 소홀했고, 시간의 흐름과 함께 유야무야되었다.

그러던 어느 날, 책을 내려는 사람들을 위한 모임이 있음을 알게 되어 참석했다. 가능성을 발견하고선 부푼 꿈을 안고 귀가했다. 출판사에 투고하더라도 선택을 못 받는 이유는 글의 내용이 아니라 '기획' 잘못 때문이라는 말에 공감했다. 출판에 대해 맞춤한 도움을 받을 수 있으리라는 기대감이 생겼다.

모임에서는 글이나 내용에 대한 코치보다는 투고할 때 필요한 출간기획서에 대해 배웠고 큰 도움이 되었다. 출간기획서를 작성하면서 자연스럽게 글쓰기 방향도 바람직해졌다. 약 10주간의 과정을 거치면서 시계 제로였던 눈앞의 안개가 걷히고 출판의 길이 보이기 시작하더니 마침내 출판사로부터 선택을 받았다. 자기 글을 책으로 내고자 하는 사람에게 출간기획서 작성은 여러모로 도움을 주는 매우 유용한 수단이 된다.

초고는 걸레다

밤늦게까지 글을 쓰고 아침에 읽어보면 마음에 안 차 여기저기를 손본다. 볼펜을 꾹꾹 눌러 연애편지를 쓰던 기억이 새삼 떠올랐다. 구겨진 종이가 주변에 잔뜩 널려 있던 그때도 썼다 고치기를 수도 없이 반복했다.

한참을 쓰다가 처음으로 돌아가 보면 마음에 들지 않아 먼저 쓴 부분을 고치게 될 때가 다반사였다. 읽고 다듬고, 또 읽고 다듬기를 반복하면서 이렇게 해서 어느 세월에 책이 만들어질까 싶어 자괴감도 들었다. 게다가 여러 차례 수정하다가는 자칫 누덕누덕 기운 짜 깁기가 될지도 모른다는 불안감도 해소해야 했다. 또 그 과정에서 흐름을 놓치거나 끊겨 재생을 반복하는 일이 없도록 집중하고 주의 해야 했다.

대문호 헤밍웨이는 "모든 초고는 걸레"라고 말했다. 너무 미흡해 많이 다듬어야 한다는 뜻이다. 손을 볼 때는 잘 다듬어야 하고, 다 듬을 때는 독자 입장에서 읽고 수정해야 한다고 했다. 걸레처럼 지 저분해지더라도 수정하지 않는 것보다 수정하는 게 낫다고도 했다. 경험에서 나온 충고라 가슴에 확 와 닿았다. '헤밍웨이도 그 정도인 데…….' 위안 삼으며 용기를 냈다.

마침내 계약을

어느 날 낯선 번호가 벨소리와 함께 전화기에 떴다. 설레는 마음 으로 조심스럽게 받아보니 투고한 출판사 편집장의 전화였다. 출간 기획안을 보고 연락을 했단다. 흥분되고 기뻤으나 내색하지 않았다.

태연하게 평정심을 유지하며 여유 있게 미팅 시간을 잡았다.

출판사를 방문해 이야기를 끝내고 계약서에 사인했다. 계약서가 담긴 봉투를 들고 돌아올 때는 뭉게구름을 타고 둥둥 날아다니는 것만 같았다. '드디어 나도 책을 출간하게 되었구나!' 마침내 버킷리스트 하나를 지울 날이 다가왔다고 생각하니 독수리처럼 비상하는 기분이었다.

문제는 건강이었다. 천식과 두통이 여전히 떠나지 않고 몸을 괴롭혔다. 못 넘을 산은 아니라고 마음을 다잡으며 출간을 위한 본격적인 작업에 들어갔다. 좋은 컨디션을 유지하려 노력했다. 부부싸움 등 평정심을 흐트러뜨릴 만한 행동은 원천적으로 차단했다. 조용한 카페, 나무와 꽃이 보이는 창가를 찾았다. 때로는 잠자리에 누웠는데 아이디어가 떠오르기도 했다. 아침까지 미뤘다가 잊어버리기를 수도 없이 경험했던 터라 즉시 기록할 수 있도록 침대 바로 옆에 간이 책상과 필기도구를 두었다.

막바지 작업은 이런저런 이유로 네 살짜리 늦둥이와 단둘이 집에서 해야 했다. 하루에 7~8가지 넘게 게임을 하며 놀아주다 보면 어느새 기운이 빠져버렸다. 미혼 시절 그렇게 자신만만했던 체력은 온데간데없었다. 반면, 프라이버시가 보장된 조용한 공간이 아닌, 아이와 놀며 일하는 경험은 새로웠다. 아이의 성장과정을 머릿속에 새기면서 함께 성장하는 나를 보았다.

2021년 1월에 초판이 나왔다. 《네트워크 마케팅으로 기업하라》

라는 제목이다. 네트워크 마케팅에 대한 현실은 말도 탈도 많을 뿐만 아니라 유사한 짝퉁도 많은데, 그만큼 매력적이라는 반증 아닌가 싶다.

　네트워크 마케팅에는 유통비용을 절약해 좋은 제품을 싸게 공급하고, 나아가 그 비용의 일부를 소비자들에게 돌려주려는 플랜이 담겨 있다. 하지만 우리 사회는 그런 장점보다는 단점에 더 치중하는 분위기다. 오해는 불식시키고, 잘못 사용되는 것은 바로잡고, 소비자들은 분별력을 갖게 되어 더 이상 피해 보지 않기를 내 책은 희망했다. 국가와 기업 그리고 소비자인 국민 모두에게 유익하므로, 미래가 밝은 네트워크 마케팅에 대한 이해를 돕고, 발전을 도모하며, 그것을 뒷받침할 제도적인 장치가 필요하다는 바람도 적었다.

　국립중앙도서관에 두 권이 들어갔는데, 한 권은 영구 소장하기로 했다는 연락을 받고선 독자들로부터 사랑받지 못하면 어떻게 하나 염려하던 마음에 크나큰 위로를 받았다. 그 후 서울대학교 경영대 도서관과 국회도서관에도 입고가 되었다. 그렇지만 홍보에 적극적으로 임하지 못했다. 건강상 저자 강의 초청에 단 한 번도 응하지 못해 출판사에 미안했다.

　출간 1년이 막 지날 무렵 전화가 왔다. 출판사였다. 그동안 꾸준히 책이 판매되었다며 며칠 후 2쇄를 찍는다는 거였다. 베스트셀러는 아니어도 스테디셀러는 된 것 같아 기뻤다. 사막에서 오아시스를 만난 듯 희열이 몰려왔다. 호흡기가 안 좋은 데다 코로나19로 두문

불출 지내다 보니 가끔 사막 한가운데 홀로 선 듯한 기분에 사로잡히기도 했는데, 모처럼 엔돌핀이 솟구치는 행복감을 만끽했다. 기왕이면 미흡하다고 생각했던 부분을 손보기로 하고 2쇄 대신 개정판을 내기로 했다.

최근 위축된 세상살이를 하는 중에도 책을 출간하고 나니 큰 위로를 얻는다. 뜻이 있는 곳에 길이 있다는 말이 내 인생에서도 실현되는 행운을 누릴 수 있음에 감사한다. 5학년인 둘째 아이가 판교 현대백화점 교보문고에서 아빠 책을 보았다며 자랑스러워하는 모습이 너무나 선명하게 마음판에 새겨졌다.

"아빠, 친구들이 아빠 책을 읽어보고 싶대요!"

중학교 1학년인 큰아이도 한마디 거든다. "지금은 이르지만, 훗날 읽어보면 도움이 될 거야"라고 말하면서 이런 행운을 누리게 된 사실에 마음속 깊이 감사하는 중이다. 그리고 보면 두 번의 사건으로 절망하고 좌절감이 들었을 때 포기하지 않은 게 얼마나 고맙고 다행인지 모른다. 그리고 머지않아 대학이나 대학원에서 정식 커리큘럼으로 채택되었으면 하는 바람도 가져본다.

보물이 담긴 그릇

유대인의 나이는 3천 살

지구에는 현재 약 80억 명의 인구가 산다. 그 가운데 유대인은
1,800만 명 정도다. 약 1/4,450,000이다. 5,000만 명쯤인 우리나라
보다도 훨씬 적다. 하지만 전 세계에 끼치는 영향력만큼은 그들이
훨씬 앞선다. 객관적인 증거가 노벨상 수상비율이다. 노벨상 수상자
의 약 35%가 유대인이며, 그중 경제학상 수상자가 65%를 차지한다.
또한, 현재 IT 기술의 절반 정도가 유대인의 머릿속에서 나온다니
정말 대단하다.

그렇다면 유대인은 태어날 때부터 머리가 좋은 걸까, 머리가 좋
게 길러지는 걸까? 확실하게 어느 쪽이라고 말하기는 어려우나 그
요인을 두 가지로 살펴볼 수 있다.

첫 번째는 대를 이어 조상들의 지식과 지혜를 고스란히 물려받는다는 점이다. 세상을 배우는 데는 경험보다 더 값진 게 없다. 아버지는 할아버지에게, 할아버지는 그의 아버지에게 배웠다면, 아버지에게 배운 아들은 할아버지와 할아버지의 아버지가 살아낸 경험, 지식, 지혜를 모두 배우는 것과 같다. 그렇게 이어진 세월이 자그마치 3천 년이다. 그래서 유대인의 나이는 3천 살이라고 한다. 이처럼 긴 세월을 거치는 동안에도 후손들에게 잘 전수된 이유는 조상들의 그것을 책으로 기록하고, 후세들은 그것을 읽고 익히는 일을 게을리하지 않았기 때문이다. 이는 나중을 살아가는 후세들의 시행착오를 줄이고, 세상을 바라보는 시야를 넓혔으며, 삶의 지혜를 안겨주었다. 그들은 그렇게 자신들의 우수성을 세상에 드러내면서 뛰어난 민족으로 자리매김했다.

두 번째는 가정에서의 교육과 토론 위주인 교육방식에 있다. 유대인들은 토론과 논쟁을 통해 답을 찾아가도록 배우는데, 자유롭고 치열한 토론을 거치는 과정에서 더욱 명석하고 성숙해지며, 자기 주도식 학습이 몸에 밴다. 그들의 조상들은 "지식 배움은 꿀처럼 달콤하다"면서 지식을 배우는 일은 즐거움 그 자체라고 가르치고 깨우쳐준다. 이런 환경에서 성장하니 날이 갈수록 현명해지는 건 당연하다. 모든 유대인의 나이가 3천 살이라는 이유는 경험의 나이를 지칭한 말이다.

우리도 살면서 겪은 모든 경험과 좋은 생각들을 글로 남겨 후손에게 전한다면 어떨까? 우리 민족을 더 나은 미래로 이끌어주지 않을까? 여기서 우리란 자신의 삶을 사랑하고 흔적을 남겨 누군가에게 선한 영향력을 끼치고 싶은 사람들이다. 그리고 선한 영향력이란 상심했거나 좌절을 겪고 있는 사람들에게 위로가 되거나, 용기를 주거나, 꿈을 꾸게 하거나, 뿌연 안개 속에서 길을 비춰주거나, 간접 경험을 통해 시행착오를 줄여주는 등 어떤 것이어도 괜찮다. 나아가 삶 자체에 지혜를 더해 주는 것일 수도 있다.

책은 커다란 보물창고

위에서 언급한 두 가지가 담긴 보물창고는 어디일까? 바로 도서관과 묘지다.

묘지 속 죽은 이들의 꿈과 경험 중에는 얼마나 값진 것들이 많을까? 누구도 가늠하기 어렵다. 일찍이 고려청자 제작에 대한 비법이 후손들에게 전수되었더라면 얼마나 좋았을까 하는 생각을 해본 적이 있다. 아마 그 외에도 우리가 모르는 보석 같은 경험들이 수도 없이 그냥 묘지에 묻혔을 게 뻔하다. 끝내 이루지 못한 꿈과 함께…….

또 하나의 보물창고는 책을 모아놓은 도서관이다. 책에 담긴 초롱초롱 빛나는 보석 같은 지혜와 지식은 다행히도 땅속에 묻히는 불

행만큼은 면했다. 조상들이 기록해놓은 지식과 지혜 중에는 값진 것들이 또 얼마나 많을까? 이 역시 상상조차 하기 어렵지만 읽히지 못하면 묘지 속 꿈과 경험이나 다름없다.

책 속에 길이 있고 답이 있다고 했다. 책은 그것을 집필한 개인의 영예로만 남지 않는다. 세상을 더 행복하게, 더 발전시키는 지식과 지혜, 경험과 꿈이 담긴 또 하나의 보물창고다. 그러니 후손들이 경험과 지혜의 나이를 더하는 일에 쓰도록 자신의 경험과 지식을 담아 책으로 냈으면 좋겠다. 모든 지혜는 지식과 경험에서 나오므로 그 더하기에 모두가 참여하길 바란다.

살리는 글쓰기

생각은 글의 씨앗

글에도 씨앗이 있다. 생각이다. 생각은 행동의 씨앗이 되기도 하며, 그 씨앗은 잎이 무성한 나무로 자랄 수도 있다. 글의 씨앗인 생각을 이야기로 만들고, 그것을 지면에 옮기면 글이 된다.

그렇다면 생각은 무엇일까? 느낌, 감정, 직관 등에 의해 만들어지며, 생각의 토대는 바로 마음이다. 사람에게는 마음이라는 밭이 있다. 그런데 마음이라는 놈은 참으로 기묘해서 내 것인 듯싶다가도 내 게 아니고, 내 게 아닌 듯싶다가도 내 것이 된다. 그러므로 인류의 영원한 숙제가 있다면 아마도 이런 마음을 잘 경작하고 다스리는 일일 것이다.

글의 씨앗인 생각은 이 마음 밭에서 자란다. 좋은 밭에서 좋은 나무가 자라듯 좋은 글을 쓰기 위해서는 마음 밭이 좋아야 하는데, 이는 유전적으로 타고나기도 하지만 후천적으로도 얼마든지 만들어진다. 돌을 고르고 잡초를 솎아낸 후 퇴비를 잘 주면 땅이 비옥해지듯 마음 밭도 가꾸면 비옥해진다.

글은 육하원칙에 의해 써야 한다는 사실은 삼척동자도 안다. 그래야 의미 전달이 명확해지기 때문이다. 실체가 명확지 않은 글은 그 뜻이 애매모호하고 혼란스러워 아무도 읽으려 하지 않는다. 두서없는 글 또한 외면당하기는 마찬가지로, 글을 구성할 때는 서론, 본론, 결론이나 기, 승, 전, 결에 맞춘다. 명쾌한 결론을 도출할 때는 전자가 좋고, 드라마틱한 반전의 묘미를 살리는 데는 후자가 낫다.

또 이야기를 풀어나가는 방식에는 귀납법과 연역법이 있다. 전자가 결론을 미리 말하고 그 결론을 설명해나가는 방식이라면, 후자는 설명으로 이야기를 시작해서 결론을 도출해내는 방식이다. 어떤 방식을 선택할지는 각자의 몫이다.

관점도 고려해야 한다. 자서전적인 글이라면 작가가 주인공인 1인칭 주인공 시점으로 쓰는 게 좋고, 강연에 사용될 글이라면 1인칭 관찰자 시점의 쓰기가 어울릴 것이다. 소설은 작가가 주인공인 1인칭 주인공 시점과 등장인물의 내면을 모두 알고 표현하는 3인칭 전지적 작가 시점 둘 다 사용하는데, 작가가 통찰력을 발휘하거나 모든 것을 지배하고 싶을 때는 전지적 작가 시점으로 쓰는 게 좋다.

씨줄과 날줄로 엮는 책

글이 모여야 가능한 책 쓰기는 씨줄과 날줄이 어우러져 만들어진 옷과 같다. 옷을 지으려면 먼저 옷감을 선정해야 한다. 옷감은 실로 짠다. 거미가 허공에 거미줄을 치듯 실을 씨줄과 날줄로 서로 어우러지게 하면 옷감이 되며, 옷감에 디자인을 입히면 옷이 된다. 그리고 옷은 입는 사람의 마음을 보여주기도, 여유롭거나 강퍅한 현실을 드러내기도 한다.

책 쓰기에도 씨줄과 날줄이 있다. 씨줄은 제목과 소제목 및 목차와 꼭지라고 불리는 것들이다. 글의 씨앗인 생각의 흐름을 잘 잡아내면 당연히 씨줄이 만들어지고, 씨줄이 먼저 잘 짜여도 생각의 흐름이 원활해지는 선순환이 일어난다. 이런 씨줄은 책에서 뼈대와 같은 중요한 역할을 하는데, 작가가 전달코자 하는 메시지 및 전체적인 글의 방향을 결정한다. 그래서 독자들은 종종 씨줄에 해당하는 목차를 보고 책을 선택한다. 따라서 씨줄에 대해서 각별히 신경 써야 한다. 이렇게 씨줄을 만들고 나면 날줄을 짠다. 씨줄로 사용된 각각의 주제를 핵심 가치로 삼아 중심 문장을 만들고 뒷받침 문장으로 설명해 나간다(귀납법). 또는 그 반대(연역법)로 서술한다.

글이 책으로 엮여 문체가 아름답다거나 수려하다는 말을 듣기는 개인의 역량이나 필력에 의해 좌우된다. 글에도 호흡이 있다. 복합 문장이나 장문을 사용하면 사실적인 설명에는 유리할지 모르나 자

첫 명쾌하지 못해 호흡이 길어지고 지루해진다. 반대로 단문을 사용하면 무게감은 떨어지나 글에 리듬과 생동감을 불어넣고 몰입감도 높일 수 있다. 좋은 실로 만든 원단에 훌륭한 디자인을 덧입히면 명품 옷이 되듯 좋은 생각이 글로, 그 글이 책으로 만들어져 명저가 된다면 얼마나 좋을까?

남는 것, 사라지는 것

오늘도 나는 더 나은 글을 쓰기 위해 예전 글쓰기를 배웠던 때의 기억들을 소환한다. 그러다 그동안 생각의 창고 구석에 방치해 놓았던 먼지 쌓인 기억들이 보이니 왠지 계면쩍다.

좋은 글을 쓰려면 양서도 많이 읽고, 필사도 해보고, 글을 많이 써보아야 한다. 하지만 더욱 중요한 건 당장 시도하는 일이다. 사람은 누구나 기억에서 떠나보내지 못하는 사건 또는 보배로운 경험, 보석 같은 생각을 적어도 하나씩은 간직하고 있다. 그 보물을 사장시킬지 아니면 세상에 남길지 고민해야 한다.

모두 각자 삶의 흔적을 글로 남겨 우리가 사는 이 세상에 선한 영향력을 끼칠 수 있길 기대해 본다. 늦었다고 주저하지 말자. 늦은 때란 없다. 망설이다 시간을 다 소진하고 난 때야 말로 늦은 때다. 그리고 인생에서 가장 빠른 때는 바로 지금이다!

책 속에 길이 있고 답이 있다고 했다.

책은 그것을 집필한 개인의 영예로만 남지 않는다.

세상을 더 행복하게, 더 발전시키는

지식과 지혜, 경험과 꿈이 담긴

또 하나의 보물창고다.

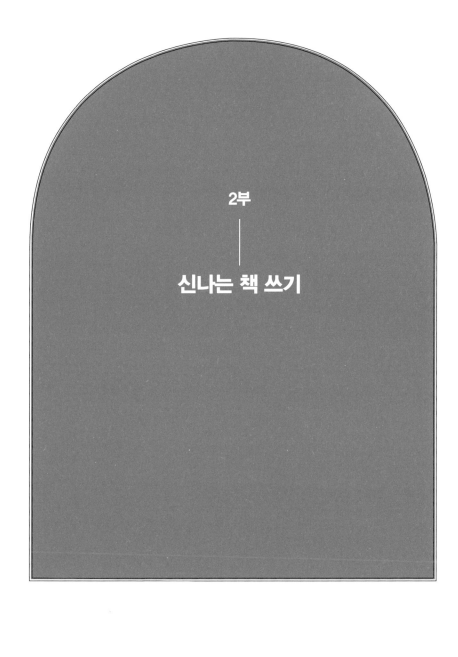

2부

—

신나는 책 쓰기

"퇴직 후의 삶,
생각해보셨나요?"

손지숙

저서

《진짜 공부 잘하는 아이들의 비밀 집공부》

약력

- 참미래 교육연구원(강사 플랫폼) 대표
- 학부모 연수 전문강사(2013~현재)
- 한우리 독서교육 칼럼니스트(2018, 2020)
- 연 150여 회 대학 및 고교 입시 컨설팅 강사로 활동 중
- (전) 교사, 교감으로 명예퇴직
- 유튜브 · 네이버 TV '손쌤의 교육수다' 운영 중

- 이메일 sjs0121w@naver.com

계획대로 살고 있는가?

울타리를 벗어나다

살다 보면 계획대로만 살아지지 않는다. 정년을 채우려던 생각과는 달리 교사 생활 30년 만에 나는 명예퇴직을 선택했다. 말하기 좋아하는 내게 교사라는 직업은 잘 맞았다. 같은 일이 반복되는 일상처럼 보였지만, 그 안에서 매일 조금씩 달라지는 아이들 모습을 관찰하는 재미는 무척이나 쏠쏠했다. 게다가 17학급이나 되는 학년의 학년부장은 웬만한 학교의 교감과도 같다며 내가 모든 일을 계획하고 실행해볼 수 있도록 믿고 맡겨준 관리자를 만난 것도 큰 행운이었다.

진이 빠져 좀 쉬었으면 좋겠다 싶을 때면 어느새 방학이라는 달콤한 시간이 다가왔고, 매너리즘에 빠져들 때쯤이면 다른 학교로 옮기게 되니 다시 초심으로 돌아갔다. 교사로서의 30년을 그러면서 어렵지 않게 보냈는데, 갑작스럽게 명예퇴직을 신청했으니 남편마저 어리둥절할 수밖에!

퇴직한 지 벌써 10여 년이다. 교사연수에 강의하러 가면 종종 명예퇴직을 후회해본 적 없냐는 질문을 받는다. (고백건대, 최근 3년간 코로나로 강연활동이 확연히 줄자 그때가 그립기도 했다.) 누구나 부러워하는, 그 좋다는 직장을 때려 친 이유를 무척 궁금해했다. 이유를 딱한 가지로 말하기는 어렵다. 단지 하나의 이유로 갑자기 환경을 변화시키는 결정을 하지는 않는다. 적어도 나는 그렇다. 그해, 유난히 이런저런 일들이 겹치자 마음속에 그만하고 싶다는 생각이 밀물처럼 몰려들었다.

물론, 가장 큰 이유는 있었다. 걸그룹으로 데뷔한 딸에게 혹 피해가 가면 어쩌나 하는 걱정에서였다. 학교에서 학년부장은 아이들에게 우호적인 존재가 아닌 데다 네티즌으로서 왕성한 활동성을 자랑하는 십대 아이들에게 연예인은 큰 관심거리다. 어느 날, 우연히 딸아이가 속한 걸그룹 기사 아래에 달린 댓글이 눈에 들어왔다.

"얘네 엄마, ×× 짜증 나!"

내 실명까지 거론되는 댓글은 큰 충격이었다. 그 뒤부터는 학교의 모든 일에서 나도 모르게 위축이 되었다. 아이들은 선생님이 아닌 연예인 엄마로 대하며 수업마저 방해했고, 댓글을 폭탄 삼아 위협하고 놀려댔다. 꿈에서조차 생각지 않았던 명예퇴직이란 단어가 머릿속을 떠돌았다. 그런 데다 나이순으로 정리된 신발장 위치는 더 큰 부담을 주었다. 교장이나 교감 같은 관리자도, 젊은 교사도 아닌, 중간에 끼인 듯한 위치가 애매하게 느껴졌다. 사소해 보이지만 그랬다.

사람에게는 나이에 맞는 지위가 필요하다며 평교사를 고집한 나에게 장학사 시험을 권유했던 선배의 말이 뼈를 깎듯 뇌리를 자꾸 흔들었다. 게다가 가장 자신 있던 아이들과의 교감 또한 예전만 못한 것 같았다. 자괴감이 들기 시작했다.

그 와중에 별 계획 없이 명예퇴직을 신청했다. 아예 일을 않겠다는 건 아니었다. 새로운 뭔가를 배워 살아왔던 생활과는 완전히 다르게 살아보고 싶었다. 그리고 명예퇴직은 나에게는 또 다른 기회로 다가왔는데, 이 경험은 나로 하여금 누군가 직장에서 여러 가지 일로 힘들다면 환경을 바꿔볼 기회라고 말해주고 싶게 했다.

새로운 시작, 신선한 자극

명예퇴직 후 배우고 싶은 게 많았다. 그중 가장 먼저 서울대학교 평생교육원 '강사 인큐베이팅 과정'에 등록했다. 1기였다. 성인을 대상으로 하는 전문 강사가 되고 싶은데, 강단에서 평생 아이들을 가르쳤음에도 성인을 상대하기에는 부족함이 느껴졌다.

그 과정에서 알게 된 사실은 신선한 충격이자 놀라움이었다.

지역 내 평생교육원, 교육센터, 도서관 등 강연을 필요로 하는 장소는 너무나 많다는 사실, 어떻게 알았는지 40명 정원이 전국 각지에서 올라온 수강생들로 꽉 채워져 수업이 진행된다는 사실, 나처럼 퇴직 후 강연활동을 꿈꾸며 온 사람들뿐만 아니라 20, 30대 젊은이들도 상당수였다는 사실은 놀라움 그 자체였다.

그중 70세를 훌쩍 넘긴, 컴퓨터 강사로 활동하시는 여선생님이 가장 인상 깊었다. 같은 조로 묶이기 전까지는 70대라는 나이를 짐작조차 못 할 만큼 매일 백팩을 등에 업은 채 언제나 경쾌하고 빠르게 걸어 다니셨다. 게다가 무려 컴퓨터 강사라니! 너무나 신선한 충격이었다. 강의를 며칠 함께 듣고 조별 발표를 하면서 어색함이 줄어들자 서로 간직한 이런저런 이야기를 나눌 정도로 친숙해졌다.

그녀는 손자에게 컴퓨터를 배우는 게 너무 재미있었다고 했다. 그렇게 배운 걸 응용해 SNS에 올리면서 2012년 당시 이미 수많은 팔로워를 자랑하는 유명 블로거가 되었다. 그러다 구청 평생교육원에서 컴퓨터 강의를 하고 싶어 '시니어들은 나 같은 시니어가 가르쳐야 더 잘 이해하고 가르칠 수 있다'는 논리를 펼치며 구청을 설득했다. 처음에는 무료 강좌였다. 그런데 반응이 좋아 그다음에는 1인당 1만 원을 받고 강좌를 개설했는데, 자리가 꽉 찰 정도로 인기를 누렸다는 것!

지식을 나누려는 용기도 대단하지만, 시니어들의 눈높이에 맞는 강사임을 강조해 새로운 일자리를 창출해 낸 일이야말로 내가 배우고 좇아야 했다.

한 가지 의문이 생겼다. 그런 인기 강사가 왜 이 강의를 듣는지 궁금했다. 그녀는 할아버지 수강생 중에 가끔 하라는 대로 하지 않고 다른 방법을 고집하며 실랑이를 벌일 때 화를 내는 자신이 강사로서 부족함을 느껴 배우러 왔다고 했다. 멋졌다.

학교라는 울타리를 벗어나 처음으로 만난 각양각색의 사람들로부터 받은 신선한 자극은 나를 다시 밀어붙였다. 고급심리학, 한국에니어그램 강사 등 새로운 배움과 자격 취득에 시간 가는 줄 모른 채 바쁜 나날을 보냈다.

내 소개가 이렇게 민망할 수가

퇴직 후, 같은 학교에 근무했던 ○○교육청 장학사에게서 연락이 왔다. 학부모 연수를 기획 중인데 강연을 해줄 수 있냐고 했다. 학년 부장으로 해마다 학부모 연수를 진행하던 내 모습이 아주 인상적이었다면서 강연을 청했다.

학교에서는 3월이 되면 학부모 총회가 열린다. 그때마다 나는 학부모에게 학교생활 전반에 관해 설명했다. 누가 시킨 일은 아니었다. 학생을 맡긴 부모들에겐 학교에서 이루어지는 모든 교육활동에 대한 안내가 꼭 필요하다고 생각했기 때문이다. 학교생활기록부에 어떤 내용이 기록되고 그 의미는 무엇인지, 부모 세대에게는 익숙지 않은 창의적 체험활동이란 뭔지, 대학입시의 전체적인 흐름과 방향에 따라 어떤 구체적인 계획을 갖고 아이들을 지도하려는지를 설명했다. 반응이 생각보다 좋자 10월 입시 설명회 및 신입생 유치를 위한 학교 홍보까지 맡아 진행했다.

그 경험이 퇴직 후 자연스럽게 학부모 연수 강사라는 새로운 직업으로 이끌었다. 그런데 막상 강의를 가니 나를 소개하는 일이 무척이나 어색했다. 처음 접해서 그런 게 아니었다. 예전 같으면 소속과 직위가 명확해 설명이 간단명료하고 쉬웠다. 하지만 딱히 직함이 없으니 나를 잘 아는 장학사가 나에 대해 시시콜콜 이야기했다.

"교사로 재직하셨고, 서울대를 보낼 정도로 훌륭하게 잘 키운 아들은 지금 세계 최고의 기업인 애플에 다니고…… 딸은 걸그룹으로…… 훌륭하게 아이들 키우신 비법을……."

듣기가 너무 민망했다. '그렇다면 나는 어떤 사람이라고 말해야 할까?' 처음으로 나에 대한 설명이 쉽지 않음을 뼛속 깊이 느꼈다. 그리고 '나를 하나로 표현할 방법이 뭘까?' 생각했다.

'내 책이 있다면 그것만으로도 내 소개는 충분하지 않을까?'

그랬다. 바로 저자가 되는 거였다.

어떤 사람인지, 어떤 생각을 하고 있는지, 무엇을 하고 살아왔는지 주저리주저리 설명하지 않아도, 어떤 책의 저자라고만 얘기하면 누구든 쉽게 강사에 대한 검색이 가능하다. 또 책의 서문이나 저자 소개만 봐도 그에 대해 많은 정보를 얻을 수 있다.

요즘은 강연에 가면 《진짜 공부 잘하는 아이들의 비밀 집공부》의 저자입니다."라고 소개해주니 너무 좋다. 책 속에 내가 하려는 이야기가 다 들어 있을 뿐만 아니라 강연이 마음에 들면 책 구매로도 이어진다. 코로나로 오프라인 강연이 어려워지기 전까지 여러 달 동안 베스트셀러 작가라는 타이틀을 달기도 했다. 유튜브에서는 책 내용을 영상으로 만들기도 하는데, 그러면 "우연히 유튜브에서 보고 책을 구매했어요."라는 쪽지를 받을 때도 있다.

그런 이유로 독자들에게 말한다. 강사라는 타이틀을 달고 활동하고 싶다면 반드시 자신이 어떤 주제로 강연을 할 수 있는지, 무엇을 말하고 싶은지를 책으로 먼저 이야기해야 한다고!

나의 경쟁력은 뭘까?

"뭐? 오늘 저녁 너 담당이잖아. 갑자기 그러면 어떡해. 몰라!"

옆에서 하도 크게 소리를 지르는 바람에 강제로 대화를 엿듣고 말았다. 전화를 끊고도 분을 삭이지 못해 씩씩대는 한참 나이 어린

동료 교사를 향해 조심스레 말을 건넸다. 꼰대라는 소리 듣기 딱 좋겠다는 생각에도 그냥 지나치지 못했다.

"신랑이야? 기왕 집에 못 오는 거 기분 좋게 해주지 그랬어."

"아니, 자기가 오늘 저녁 담당인데 아무것도 안 해놓고 학년 회식을 깜빡했다며 저보고 알아서 먹으라잖아요."

"그러니까…… 자기도 같은 교산데 얼마든지 그런 일이 있을 수 있잖아. 뭐 그렇게 화낼 일은 아닌 듯싶은데……."

"둘이 가사를 나눴거든요. 근데 늘 핑계 대고 빠져나가려는 통에 안 그래도 화가 났는데 또 저러니 참을 수가 없네요."

모두에게 완벽하게 공평한 세상은 없다. 비교적 민주적이고 공평하다는 말을 듣는 학교 일도 마찬가지다. 3월, 업무분장 발표 후에는 종종 터져나오는 불만에 작은 소란이 일어난다. 학교마다 행정 실무사를 배치해 공문 처리 등 전보다 교사의 업무가 많이 줄어든 요즘도 자유 학년제처럼 대외적인 활동을 주관하고 기획하는 업무를 맡은 교사들은 상대적으로 힘들다. 하물며 고교 학점제처럼 새롭게 만들어내야 하는, 처음 시행되는 업무를 맡는다면 그 어려움은 말로 표현하기 어려울 테다.

그런데도 나는 교사 연수에 가면 이 말을 꼭 한다.

"남들이 싫어하는 그 일이 나의 경쟁력을 높입니다."

학교에서는 학생부장, 학년부장을 3D 직종이라고 부른다. 업무가

교내 모든 일과 연관되어 있어 근무시간 내내 정신없이 바쁠뿐더러 신경을 곤두세워야 하기 때문이다. 반면, 그 업무로 인해 학부모 연수 강연자가 되고, 책도 내게 되었으니, 나는 그만하면 괜찮지 않나 싶다.

힘든 일에 대한 경험은 나에게 남다른 이야기가 생긴다는 뜻이다. 기왕 맡게 되었다면 주도적으로 실행하기를 즐겨야 자신에게도 도움이 된다. 나 또한 아무도 시키지 않았음에도 필요하다고 생각해 그때그때 실행한 일들이 바탕이 되어 새로운 직업으로 이어졌다. 상상조차 해보지 않은 일이다.

평생 교사였던 나는 특별한 재주가 없다. 공무원 신분으로, 월급쟁이로 살아왔으니 남다르지도 않다. 그저 학교생활을 충실히 하면서 나름 보람을 찾았을 뿐이다. 그런데 강사가 되고 나니 내 이름이 박힌 책이 필요했다.

'어떤 내용을 담는 게 좋을까? 어떤 내용을 쓸 수 있을까?'

고민했다. 내가 가장 잘 아는, 그동안 해온 일밖에 쓸 수 있는 게 없었다.

'평생을 사람들 모두가 다 다니는 학교만 다녀본 내가 쓸 만한 이야기는 뭘까? 그 안에 내 생각을 펼칠 수 있다면……'

생각했다. 그때 20년 넘게 매일 밤 11시까지 아이들의 자율학습 지도를 해온 일이 떠올랐다. 자연스레 공부 잘하는 아이들의 공통적인 특징을 설명할 수 있다는 사실도 깨달았다. 또 수많은 제자와 두 아이를 잘 키웠다는 평을 듣는 부모로서의 경험도 나쁘지 않았다. 그 짧지 않은 세월이 자녀교육의 방향키가 될 수도 있을 터였다.

강연장에서 만난 학부모들 대부분은 교육을 사랑과 기다림이라는 본질은 간과한 채 기능적인 측면에서만 바라보려 했다. 미숙한 아이들은 자신만의 경험과 공부를 통해 점점 성숙해지고 단단해지기 마련이다. 그런데도 내 아이를 사랑으로 돌보기보다 옆집 아이의 성공담에 더 마음이 쓰여 자꾸 비교하며 아이를 몰아붙인다. 너무나 안타깝다.

연애할 때가 기억나는가? 상대에게만 집중하면서 그가 무엇을 좋아하는지를 알려고 애쓰지 않았던가? 그런데 우리 아이에게는 그런 관심과 사랑을 기울이지 않는다. 심지어는 권태기를 맞은 부부처럼 시선을 옆집 아이에게 맞추고는 우리 아이가 전교 1등인 그 아이이기를 바라는 부모들도 있다.

나는 교육의 본질은 사랑이며, 아이는 부모의 격려 속에 성숙한 어른으로 성장하므로 실수를 용납할 줄 아는 너그러운 부모가 되기를 바라는 마음을 책을 통해 전하고 싶었다. 그래야만 스스로 공부할 수 있기 때문이다. 생각보다 아이들은 공부하는 방법을 잘 모른다. 맞든 틀리든 열심히만 하는 아이들과 학원에만 보내면 무조건 성적이 오른다고 생각하는 학부모들에게 아이들에게는 자신만의 공부법을 배우고 익히는 시간이 필요하다는 사실을 꼭 말해주고 싶었다.

책 쓰기 가장 좋은 시기 60대

나이가 들수록 꼭 필요한 건 돈과 친구라는 말이 있다. 하지만 내 생각에 그보다 더 절실한 건 할 일이다. 그리고 책 쓰기는 거기에 딱 들어맞는 작업이다.

올 3월 만 103세를 맞는 김형석 교수는 '무엇이 우리를 행복하게 하는가'라는 강연에서 인생에서 가장 좋은 때가 언제였는지 친구들과 이야기를 나눈 적이 있는데, 뜻밖에도 65세쯤이라는 데 의견을 같이했다고 한다. 2017년에 실시한 노인 실태조사에서는 "당신이 생각하는 노인은 몇 세입니까?"라는 질문에 74.2%가 70~79세라고 정의했다. 실제로, 요즘 버스나 지하철을 타면 60대로 보이는 사람들이 노약자석에 앉아 있는 모습을 찾아보기 힘들다. 나 또한 아이들 다 키워놓고 오롯이 나만의 시간을 가지게 된, 인생에 대한 안목과 마음에 여유도 생긴 60대인 지금이 가장 행복하다.

책 쓰기는 퇴직 후가 가장 좋다. 살면서 겪은 실패와 성공의 경험을 다 풀어내기에도 부족함이 없다. 게다가 어려운 인간관계에서 깨달은 것들, 아무리 가족이라도 서로 배려하고 예의를 갖추지 않으면 더 큰 상처를 남기며 허물어진다는 사실 또한 알고 있으니 책 쓰기에 딱 맞는 때 아닌가!

살아온 대로, 쓴 대로

지역구에서 전국구로

경기도 25개 지역 장학사 앞에서의 강연 말고는 강연활동을 위해 별다른 홍보를 하지 않았다. 그래서 내 강연활동은 주로 경기도 쪽에 국한되었다. 교사 모임에서 알았다며 서울 쪽에서 연락이 오기도 했으나 아주 가끔이었다.

책이 출간된 지 한 달이 안 되어 2쇄를 찍고 네이버에 베스트셀러라는 빨간 글씨가 붙었다. 그러자 한 번도 연결된 적 없던 교육 관련 기업, 문화센터, 평생교육센터 등은 물론 부산, 울산, 김해, 동해, 철원 등에서까지 강의 요청이 왔다. 출판사를 통해 섭외가 들어오기도 했다. 그야말로 전국구 강사가 되었다. 책의 위력을 새삼 확인하는 순간이었다.

여행 떠나듯 기차를 타고 부산으로, 논산으로 강연을 다니는 일은 행복이었다. 책이 없었다면 일어나지 않았을 행복! 책을 매개로 연결된 독서 모임에서는 내 책을 읽고 함께 토론하며 이야기를 나누다 보니 독자들의 피드백이 확실하게 전달되어 더 좋았다. 게다가 책을 읽고 만나니 처음인데도 이미 친한 지인들의 만남 같을 뿐만 아니라 진심으로 환영받는다고 느꼈다. 그래서 독서 모임에서의 강연이 더 설렜다. 책은 이처럼 자생적인 운동력으로 모르는 사람들을 연결시킨다.

산 대로, 쓴 대로

"우리 애가 선생님 같은 선생님을 만났으면 좋겠어요"

강연을 마친 후 학부모에게서 가장 많이 듣는 말이다.

30년간의 교직 생활 동안 수많은 십대 청소년과 함께 동고동락하며 두 아이를 키운 나는 어려서부터 교사가 꿈이었던 터라 학교에서 일하는 데 어려움을 별로 못 느꼈다. 교장 선생님이 지시하기 전에 내가 먼저 고민하고, 학생들을 위한 프로그램을 기획해 실행했다. 일을 찾아서 했고, 똑같은 업무를 받아도 더 적극적으로 움직였다.

어느 날, 식후 20~30분 정도의 낮잠이 두뇌 회전에 큰 도움을 준다는 여러 전문가의 의견을 실은 기사가 눈에 띄었다. 고3 담임이었던 나는 어떻게든 아이들에게 낮잠을 자게 해야겠다고 생각했다. 아이들에게 그 사실을 얘기한 후 점심시간 1시간 중 30분 동안은 밥을 먹고, 나머지 시간에는 명상음악을 틀고 아이들과 함께 낮잠을 잤다. "밥 먹고 금방 자면 살쪄요", "잠이 안 와요" 등 말 많던 아이들도 한 달 정도 지나니 음악 없이도 낮잠에 빠져들었다. 습관은 무서웠다. 반면, 옆 반은 점심을 20분 안에 해결하고 나머지 40분은 담임교사 지도하에 자율학습을 했다. 한 반은 쿨쿨 자고, 한 반은 열심히 공부하는 상반된 모습이 연출되었다. 호기심 어린 눈빛이 학교를 둘러쌌다.

한 달이 또 흘러 시험이 치러졌다. 결과는 어땠을까? 학급 성적 1등에다 식후인 5교시에도 생기발랄하게 눈을 반짝이는 아이들의 모습에 힘이 난다며 선생님들이 우리 반에 대한 칭찬을 멈추지 않았다. 뿐만 아니라 아이들은 밤 10시 자율학습 시간까지 똘망똘망 집중력을 유지했다.

2003년을 기점으로 대학입시에 새로운 변화가 불어왔을 때도 그랬다. 수능시험뿐 아니라 교사 추천서, 자기소개서, 대학 면접고사 등 한 번도 경험해보지 못한 걸 지도해야 하니 당황스러웠다. 학교에서는 어떻게 해야 할지 몰라 막막해할 때 사교육 시장에서는 발빠르게 '면접 대비반'이라는, 고액을 내야만 받을 수 있는 강좌가 개

설되기 시작했다. 3학년 부장이었던 나는 대학은 고등학교의 연장이므로 면접 또한 공교육 차원에서도 충분히 가르칠 수 있다고 판단했다. 교사 회의에서 내 생각을 말하고 지도 방법을 설명했다.

학교에는 다양한 교과 담당 선생님이 상주한다. 얼마든지 진로와 관련한 면접 지도가 가능했다. 아이들이 진학하고자 하는 학과와 가장 관련성이 큰 교과 선생님 일곱 분을 선정했다. 인성 파트는 교감 선생님께 부탁드렸다. 교장 선생님은 다양한 교과 관련 이슈를 탐독하는 데 불편함이 없도록 필요한 책들을 사주며 응원해주셨다.

그러고는 모의 면접을 희망하는 아이들을 선정해 학교 방송실에서 출입문을 열고 들어가는 모습부터 앉아서 답변하는 태도까지 비디오로 전부 촬영했다. 면접 내용 및 태도 또한 피드백을 담아 영상으로 남겨주었다. 이때 학부모에게 옆방에서 TV를 통해 면접 모습을 지켜보게 했는데, 이 과정이 학교에 대한 신뢰를 높여 어느새 학부모들 사이에서 내 아이를 보내고 싶은 학교가 되었다.

대학입시에서 면접이라는 말이 낯설던 시절, 모의 면접은 아이들에게 엄청난 자신감을 심어줌으로써 큰 성과를 발휘했다. 영어교육과에 지원한 한 아이는 모의 면접에서 '영어의 조기교육'에 대해 질문을 받았는데, 실제 대학면접에서 똑같은 질문을 받고 소름이 돋았다며 무척이나 기뻐했다.

시키지 않은 일들이지만 조금만 능동적으로 생각하면 얼마든지 아이들에게 도움이 되는 일을 해낼 수 있었다. 그리고 이렇듯 남다른 생각으로 이루어낸 일들을 책을 통해 모두와 공유하고 싶었다. 결국, 책은 자기가 살아온 대로 쓸 수밖에 없고, 쓴 대로 살게 만든다.

무엇을 어떻게 쓰지?

막막하다면 코칭을

한 학교 강연을 마치고 나오려는데 교장 선생님이 차 한잔 같이 마시자며 교장실로 이끌었다. 학교 이름이 새겨진 에코 가방도 선물로 주셨다. 나도 뭐라도 드려야겠다 싶었다.

"교장 선생님, 제 책이 며칠 뒤에 나오는데 그때 몇 권 선물해 드릴게요."

돌아온 대답은 의외였다.

"아이고, 주변에 다 책 썼다며 하도 팔아 달라고 해서 한 권씩 산 것만 해도 책장 한가득이야."

감사의 표시로 드리겠다고 했을 뿐인데 오해를 산 것 같아 보내지 않기로 했다. 돌아서 나오는 길에 많은 생각이 들었다. 그분 말씀처럼 주변에 책을 출간했다는 사람이 전보다 많아진 건 사실이다. 그중에는 나처럼 강연을 준비하는 사람들도 있고, 일기장 같은 글이나 가족과 지인들끼리만 나눠 갖는 수준의 책도 있다.

언젠가 지인에게서 자신이 썼다는 책을 받았다. 그런데 책 내용, 목차, 구성 등에 대해 이말 저말 해대니 읽기가 싫어졌다. 왜 그랬을까? 곰곰이 생각했다. 내가 궁금해하는 이야기가 아니었다. 자신이 하고 싶은 이야기만 횡설수설 늘어놓았다.

책을 출간하려 한다면 자신이 하고 싶은 이야기보다는 독자들이 궁금해할 이야기에 집중해야 한다. 물론, 자신의 이야기가 독자들도 듣고 싶어 하는 이야기라면 말할 필요도 없다. 하지만 책 쓰기에 처음 도전하는 사람이 그것을 감별해내기는 쉽지 않다. 전문가의 도움이 필요한 이유다. 취미로 배우는 수영도 코치가 필요한데, 하물며 인생에 영원히 남겨질 내 책이다. 전문 코치의 지도는 어쩌면 당연하다.

평생 학교 일만 하다 나와보니 학교 밖 사회는 모르는 세계투성이였다. 책 쓰기를 지도하는 업체가 많다는 사실도 처음 알았다. 수강료도 천차만별에 무조건 등록만 하면 책을 내주는, 말만 책일 뿐 그냥 인쇄해서 묶어주는 수준인 곳도 있었다. 책만 나오면 뭐가 크게 달라질 줄 알고 천만 원이 훌쩍 넘는 수강료를 내는 사람도 여럿 보았다. 신기했다.

책을 출간해준다는 책 쓰기 컨설팅 업체가 있다면 먼저 그곳에서 출간된 책들을 확인해봐야 한다. 제목 한번 들어본 적 없는 데다 인터넷에서 검색조차 안 되는 책들로 가득하다면 그 책 쓰기 수업은 걸러야 한다.

매일매일을 다섯 줄로

책을 쓰려다 보니 지난 30년의 세월 하나하나가 너무나 소중한 자료였다. 안타깝게도 학교 재직 중에는 책을 쓰겠다는 생각을 해보지 않아 모아둔 자료가 거의 없었다. 행복했던 순간, 속상했던 큰 이슈 외에 매일 변화하는 아이들 모습을 온전히 담아내기 어렵다는 생각에 아쉬웠다. 결국, 최근 몇 년간에 한정된 이야기로만 책을 채워야 했다.

책을 쓰고 싶은가? 그렇다면 오늘부터 잠들기 전 하루를 돌아보는 마음으로 그날그날 일상을 간단하게 정리하자. 많이도 필요 없다. 다섯 줄 정도면 된다. 그것들이 모여 내 이야기가 되고 책이 된다. 또 블로그나 브런치에 일상을 글로 남기면 사람들의 피드백도 받을 수 있고, 그 자체로 책이 되기도 한다.

어느 날, 전철에서 이어폰을 끼고 크게 떠드는 한 젊은이를 만났다. 목소리가 너무 커 본의 아니게 대화를 엿듣게 되었는데, 자기가 아르바이트하는 곳은 손님이 없어서 너무 편하다고 했다. 나는 재빨리 그 내용을 메모했다. 그리고 시간이 날 때 브런치('집공부'라는 필명으로 활동 중)에 글을 올렸다.

어느 아르바이트생의 고백, "망해야 편하다?"

"야, 진짜 여긴 ×× 편해 손님이 없어 개꿀이야 개꿀."

한가로운 시간대, 지하철에서 한 청년이 큰 소리로 떠들어댄다. 듣고 싶지 않아도 귀에·뭘 꽂고 있어서인지 한껏 목청을 높이니 다 들렸다. 자기가 알바하는 가게에 손님이 없어서 좋다는 이야기가 계속 이어졌다. 상대는 정신없이 바쁜 곳에서 알바를 하는 모양이었다.

"야, 야! 당장 때려치워 그렇게 바쁘게 일한다고 돈 더 주냐? 여기가 개꿀이지."

나는 꼰대 마인드를 장착하고 청년을 찬찬히 뜯어보기 시작했다. 잠시도 쉬지 않고 흔들어대는 다리와 한껏 멋 부린 차림새를 보며 철 안 든 자식을 바라보는 부모의 마음이 상상되었다. 아르바이트라도 하겠다며 나선 것을 대견해해야 할지 모르겠다. 또 손님이 있든 없든 정한 시간만큼 일하고 그에 상응하는 돈을 받으니 뭐라 할 일도 아니다. 하지만 그는 그곳에서 무엇을 배울까? 평생을 아르바이트하면서 산다면 모를까 배움과 성장 없는 일터가 과연 개꿀일까? 그렇게 손님이 없는 가게는 또 얼마나 오래 유지될까?

요즘은 청년 사업가도 많고, 실패를 통해 더 큰 지혜를 배우는 청년들도 많다. 요식업으로 성공하기 위해 친구 몇 명이 함께 대박집에 취업, 밤마다 대박집의 비법과 그날의 활동에 대한 반성 및 특이점을 서로 나누는 청년들도 있다. 학교에서는 가르쳐주지 못하지만, 자기에겐 절실하게 필요한 부분을 사회로부터 배워낸다. 무슨일을 하는가보다 무엇을 배워내느냐가 훨씬 중요한 이유다.

"젊어 고생은 사서도 한다."는 격언의 의미는 고생을 통해 많은 배움을 기반으로 더 성장할 수 있다는 뜻 아닐까?

짧은 순간 지하철에서의 경험이 마침내 내 생각이 담긴 한 편의 글로 치환되어 브런치에 박제되었다. 이렇게 일상을 이야기로 만들다 보면 어느새 작가가 되어 있을지도…….

무엇을 하든 소재가 된다

학년부장은 상담을 통해 아이들을 이해하고 잘 성장해 나갈 수 있도록 돕는다. 나는 거의 매일 서너 명의 학부모와 상담하고 온종일 아이들과 입씨름을 했다. 매일 여러 학부모를 만나 이야기를 나누다 보면 자퇴하고 싶어 고민인 아이부터 학교 징계위원회 처분에 따른 강제 전학만은 면하게 해달라는 아이까지 다양한 고민과 사례를 만난다. 이야기를 듣다 보면 나도 모르게 금쪽 처방이 내려질 때도 있다.

돌이켜보니 나를 괴롭힌 사람, 좋은 영감을 준 사람, 슬프게 한 사람, 기쁘게 한 사람 모두 다 '나를 나 되게' 하는 데 큰 도움을 준 사람들이었다. 사람은 사람을 통해 깨닫고, 생각하며, 성찰하는 존재였다. 현장에서 몸으로 부딪치면서 깨닫고 알게 된 사실은 경험 못한 사람들에겐 좋은 길잡이다. 그러니 무엇을 하고 있어도 모두 책으로 엮일 수 있다.

《엄마의 주례사》는 전업주부인 김재용 작가가 혼기가 찬 딸이 누구보다 행복하게 잘 살기를 바라는 엄마의 간절한 마음을 담아낸 책이다. 그녀가 60세에 평생 주부로 시부모를 모시고 살면서 경험했던 삶의 지혜를 모은 이 책은 베스트셀러가 되었으며, 얼마 전에는 새로 디자인한 표지로 독자들에게 선을 보였다. 그만큼 사랑을 많이 받았는데, 이는 특별한 직업에 종사한 사람이 아니라도 작가가 될 수 있다는 사실을 증거한다.

식당에서 재잘재잘 쉼 없이 얘기하면 모임이고, 묵묵히 밥만 먹으면 가족이라는 말을 들어보았는가? 나 또한 학교에서는 학생들에게 좋은 이야기를 최대한 많이 들려주고 싶어 애쓰다가도 정작 집에 와서는 슬프게도 말없이 잠들 때가 대부분이었다. 그러다 아이들이 중학생이 되어 엄마보다 더 바빠지자 일상 대화는 거의 끊어지다시피 했다. 요즘은 이미 성인인 아이들과 엄마 없이 지낸 어린 시절 기억을 종종 나누는데, 필요할 때 함께하지 못한 엄마의 미안함, 엄마의 삶, 나누지 못한 이야기들을 글로 남기고 싶다는 생각을 한다. 그래서 가끔 브런치나 블로그에 글을 남긴다. 김재용 작가처럼 언젠가는 아이들에게 전하는 이야기가 담긴 책이 나오길 소망하면서……

이것만은 알아야 해!

책은 아이다

출산은 계획적으로도 하지만 아무런 계획 없이 임신하고 출산할 때도 종종 있다. 그렇다고 달라지는 건 없다. 계획된 출산이든 계획 못 한 출산이든 인간은 결과에 대한 책임을 진다.

책 쓰기도 비슷하다. 계획된 버킷리스트라 해도 무엇을 어떻게 써야 할지 몰라서 또는 용기를 못 내 시도조차 못 하는 사람도 있고, 나처럼 일에 필요하거나 갑자기 마음이 생겨 쓰게 되기도 한다. 그런데 그렇거나 저렇거나 인쇄되어 종이에 찍힌 내용에는 책임을 져야 한다. 비근한 예로 모 정치인은 자서전에 돼지 발정제 이야기를 과시했다가 두고두고 비판을 받는 처지가 되었다.

책은 활자화되어 영구적으로 남는 만큼 계획했든 안 했든 진정성을 담아 세심하게 써야 하며, 뱃속에서 나온 아이를 책임지듯 내용에 대한 책임을 져야 한다.

베스트셀러보다 스테디셀러

"여러분, 〈집밥 백 선생〉이라는 TV프로 보셨죠? 백 선생이 힘들이지 않고 설렁설렁 만드는 것 같은데도 맛있는 집밥이 만들어지잖아요. 집공부도 마찬가집니다. 아이들은 하교 후 가장 많은 시간을 집에서 지내는데요. 그 시간을 잘 활용하면 성적을 향상시킬 수 있다는 내용의 책을 쓰려고 하는데 어떠세요?"

강연이 끝나고 학부모들에게 질문했다.

"아이고 강사님, 그런 거 쓰지 마세요. '집공부' 그러면 엄마들이 뭔가 해야 할 것 같아 너무 부담스러워요. 다른 제목으로 하세요."

3년째 학부모 연수에 초대받은 학교라 친근감에 먼저 운을 떼봤더니 역시나 예상대로 부담스럽다는 반응이었다. 적어도 그런 뉘앙스를 주는 건 틀림없었다. 출판사의 의견도 다르지 않았다.

그러나 내가 말하는 '집공부'는 그게 아니었다. 우리가 외식이나 배달 음식으로 식사를 해결하면 시간과 노력을 절약할 수 있음에도 집밥을 먹으려는 이유가 뭘까? 그렇다. 건강 때문이다. 집공부도 그와 같다. 학원으로 과외로 매일매일 바쁘게 뺑뺑이를 돌기보다 학교에서 그날 배운 내용을 자기 것으로 만드는 게 훨씬 중요하다. 그러려면 자기만의 공부법을 터득해야 하고, 집에서 그 터득의 시간을 허락해줘야 한다는 거였다. 부모가 뭔가를 가르쳐야 하는 홈스쿨링이 아니라…….

독자인 학부모들이 싫어하는 제목 '집공부.' 그럼에도 나는 출판사에 고집을 부렸다. (제목 다르게 한다고 베스트셀러가 된다는 보장도 없지만) 베스트셀러가 아니면 어때랴. 교육자로서, 바른길로 안내하는 길잡이가 되기만 한다면 충분했고, 소망이라면 오랜 시간 공감받는 스테디셀러가 되는 것이랄까.

계약금과 책임감 사이

"작가님 오늘 계약하러 사무실에 오는 것 잊지 않으셨죠?"

설레는 마음으로 출판사에서 마케터와 마주 앉았다. 이름만 대면 알 수 있는, 출판계의 YG라고 불리는 곳이었다. 너무 커서 그런지 마케터는 원래 그런지 대화 중에도 집중 못 하고 여러 가지 일을 처리했다. 별로 좋아 보이지 않았다. 게다가 기획안은 읽어보지도 않았는지 다시 달라고 해 그 자리에서 읽는 모습에 신뢰가 흔들렸다. (나중에 안 사실이지만 마케터는 원래 책 내용보다는 마케팅에 좋은 주제인지 아닌지에 관심을 더 둔다는 얘기를 듣긴 했다.) 어쨌든 계약서에 도장을 찍고 2주 이내에 계약금을 입금하겠다는 말을 끝으로 모든 절차를 마쳤다. 썩 내키지는 않았으나 계약하고 나니 책이 이미 반쯤은 세상에 머리를 내민 것 같아 가슴이 설렜다.

하지만 계약 후 출판사에서는 내 의도와 달리 자꾸만 디테일한 공부법을 요구했다. 그런 책이라면 굳이 내가 쓸 필요가 없었다. 수능 전국 수석이나 서울대 학생 같은 공부벌레들이 쓰는 게 맞았다. 계약 해지를 요구했다. 마침 계약금도 받기 전이라 부담도 없었다. 이처럼 계약은 했어도 원고를 다 보고 계약하는 게 아닐 때는 출간이 안 되는 사례도 가끔 있다고 한다.

두 번째 출판사를 만났다. 대표와 직접 계약하며 책의 의도를 충분히 밝혔다. 강의 모습도 보고 싶다고 했다. 마침 출판사와 가까운 파주교육청에서 강연이 있었는데, 그곳에서 내 강의를 직접 들은 그는 내용이 좋다며 흡족해했다. 그런데 함께 일하다 보니 음료수 없이 고구마 두 개를 집어먹은 듯 답답했다. 누누이 강조했음에도 '아이와의 대화법' 같은 식으로 제목을 정하길 원했다. 여러 번의 의견 조율을 거치는 과정에서 생각의 차이가 너무 크다는 걸 알았다. 또 계약을 해지하고 세 번째 출판사와 계약했다.

계약을 두 번이나 했다가 무효로 돌렸다. 모두 계약금을 받지 않은 상태에서 책의 방향을 논의하다 의견이 달라 그렇게 되었다. 남들은 한 번 계약하기도 힘들다는데 난 석 장의 계약서를 쓰는 특이한 경험을 했다. 그러면서 작가의 의도와 출판사의 방향은 다를 수 있으므로 사전에 충분한 대화가 필요함을 느꼈다. 물론, 이런 경우는 일반적이지는 않으며, 계약금이 오고 간 이후라면 고민이 더 깊어졌을지도 모른다.

　보통은 내용을 다 쓴 원고를 출판사에 보내야 계약이 되지 않을까 추측하는데 꼭 그렇지는 않다. 출판 기획안을 보낼 때 4~5꼭지 정도의 원고만 첨부해도 가능하다. 유명 작가라면 그나마도 필요 없겠지만 초보 작가는 대부분 그런 경로를 거친다. 그런데 나처럼 보내지 않은 다른 내용 집필에 있어 책의 전체 흐름과는 다른 의견을 제시받거나, 전체적으로 글 내용이 기대에 못 미치게 되면 끝내 책이 안 나올 수도 있다. 내가 계약금을 받아야만 비로소 계약이 실행되었다고 보는 이유다.

　어느 날, 매년 책을 한 권씩 쓰는 베스트셀러 작가에게 해마다 책을 낼 수 있었던 원동력이 무엇인지 물어본 적이 있었다. 그분은 환하게 웃으며 "계약금?"이라고 대답했다. 계약금을 받은 후 계약을 해지하면 해지하는 측에서 배상해야 하니 무조건 쓸 수밖에 없었다는 뜻이었다. 계약금은 출판사와 작가 서로에게 책임감의 담보다.

표지는 화장이 필요하다

책의 마무리 과정이 되면 표지 시안이 나온다. 출판사로부터 세 가지 시안을 받았다. 마음에 안 들었다. 책 제목에도 약간의 이견이 있어 여러 번 의견을 교환하고 결정한 후 진행되긴 했다. 부정적인 의견을 보내자 서점에서 마음에 드는 디자인을 보고 몇 가지를 보내주면 방향을 정해 새롭게 디자인하겠다는 연락이 왔다. 그리고 마침내 표지가 완성되었다. 학부모들이 많이 보는 책인 만큼 분홍 바탕이 마음에 딱 와닿았다.

나는 지금도 내 책이 참 예쁘게 잘 나왔다고 생각한다. 책을 집을 때 가장 먼저 독자를 사로잡는 요소는 역시 표지와 제목이다. 그래서 표지가 중요하다. 하지만 디자이너와 작가가 책에 대해 갖는 이미지는 다를 수 있다. 따라서 작가가 내 책과 같은 분야의 베스트셀러나 잘 된 표지를 유심히 살펴보고 참고자료로 건네면 비교적 수월하게 디자인이 나올 수 있다.

표지 선정은 멋진 사람이 먼저 한눈에 확 들어오듯 책에 끌리게 만드는 화장과 같은 작업이다. 그만큼 중요한 부분이므로 쉽게 양보하고 정하기보다 꼼꼼하게 체크해야 한다.

마지막 체크는 더 꼼꼼하게

책은 저자를 보여주는 상품이다. 꾸준히 사랑받는 스테디셀러가 되면 좋겠다 싶었다. 내용을 읽고 또 읽으며, 곱씹고 또 곱씹으며 실천에 옮기는 학부모들이 많아지기를 바랐다. 그런데 출간된 책을 받아들자마자 최종 점검 때 발견하지 못했던 오자 몇 개가 눈에 띄었다. 마치 손님상에 정성이 빠진 밥상을 차려낸 듯했다. 오자가 없을 수는 없지만 자주 나오면 내용에 신뢰가 떨어지는 건 불 보듯 뻔하다. 속상했지만 2천 부를 찍은 1쇄가 다 팔리고 한 달이 채 안 돼 제작된 2쇄부터는 수정이 되었다. 다행이었다. 빨리 출간하려는 마음에 들뜨다 보면 자칫 오탈자를 놓치게 될 수 있으니 차분하고 꼼꼼하게 확인해야 한다.

또 내 책 마지막에는 부록으로 엄마들이 궁금해할 만한 내용을 따로 모았다. 그중에는 시기에 따라 바뀌어야 하는 내용도 있다. 이처럼 시기나 정책에 따라 자꾸 바뀔 수밖에 없는 정보들, 특히 그래프나 도표 등은 더 꼼꼼히 보고 표시해 두었다가 재쇄를 찍을 때 반드시 수정해야 한다.

책을 쓰고 싶은가?

그렇다면 오늘부터 잠들기 전

하루를 돌아보는 마음으로

그날그날 일상을 간단하게 정리하자.

많이도 필요 없다.

다섯 줄 정도면 된다.

"왜 지금
책을 써야 하나요?"

이소정

저서

《기업장례 의전실무》

《표류사회: 한국의 여성 인식사》

약력

- (현) 글이랑 글책연구소 대표
- (전) 대전 강소기업 콘텐츠기획팀 책임연구원

  세종국책연구단지 정부출연연구소 연구원
- 성균관대학교 한국철학과 학사, 석사, 박사(수료)

e-mail : vidagramatica@naver.com

SNS : https://blog.naver.com/vidagramatica

나를 보여주는 최고의 도구

책을 내면 뭐가 좋아요?

"책을 내면 어떤 점이 좋아요?"

책이 나오고 나면 종종 이런 질문을 받는다. 따져보면 참으로 많다. 물론, 사람마다 입장과 상황이 달라 좋은 점이라는 것도 조금씩 다르지만 말이다. 하지만 대표적인 걸 꼽아보라면 대략 다음과 같다.

퍼스널브랜딩 시대에 딱 맞는 자기소개서

지금은 어느 때보다도 퍼스널브랜딩이 중요한 시대다. 퍼스널브랜딩은 자신의 전문성과 특성을 효과적으로 표현하는 '자기 PR'이 핵심이다. 사실, 우리는 인생 전반에 걸쳐 자기 PR의 중요성을 절감한다.

학창시절에는 자기 생각을 주체적으로 잘 표현해야 수행평가나 각종 대회에서 좋은 성적을 받는다. 또 대입을 앞두고는 고등학교 3년간의 학업성과와 여러 활동의 의미를 자기소개서에 잘 녹여내야 한다. 선생님들이 학생의 세부 특성과 발달사항을 표현한 생활기록부는 한 사람을 평생 따라다니며 그의 학창시절을 대변한다. 아무리 훌륭한 학생이라도 제대로 적히지 않으면 많은 장점이 그 빛을 잃고 스러진다.

자기표현은 사회에 나갔을 때 더 중요해진다. 좀 더 나은 곳으로 취업이나 이직하려면 반드시 써야 하는 자기소개서, 직무기술서, 경력기술서 등에 자기 PR을 잘 담을수록 원하는 결과에 더 바짝 다가간다. 자신을 얼마나 잘 표현하는가에 따라 결과가 달라지는 일이 사는 동안 끝없이 이어진다. 평생직장이라는 개념은 이미 엷어진 지 오래고, 몸값의 변화에 따른 이직이 흔해졌으며, 평균수명이 늘면서 정년 후에도 일해야 하는 처지다. 그러니 자신을 표현하고 알리는 일은 은퇴하고도 계속된다.

과거에는 자신의 세계나 전문성을 주로 학위나 연구실적 등으로 드러냈다. 하지만 직업군이 다양해지고 창의성이 중요해진 요즘은 저서나 구체적인 포트폴리오 등이 주목받는다. 그중 저서는 저자의 세계와 전문성을 깊이 있게 보여줄 뿐 아니라 세상에 영구히 남는 최고의 자기소개서다.

나를 알리는 최고의 수단

책을 쓰려면 세상에 많은 질문을 던지고, 더 깊은 성찰과 사색을 해야 한다. 많은 지면을 통해 저자가 성취한 기술과 지혜 및 깨달음을 담은 책은 저자의 전문성을 알리는 최고의 수단이다.

책은 저자가 활동하지 않을 때도 온·오프라인 서점과 사람과 사람 사이를 넘나들면서 많은 역할을 한다. 어떤 일과 관련된 강사나 전문가를 찾는 이들은 대부분 출간된 도서 위주로 검색하는데, 저서가 나온 강사나 전문가는 강의료가 몇 배로 뛴다. 저서는 지식의 양과 깊이가 월등함을 인정하는 증거이기 때문이다. 게다가 책에는 포트폴리오나 경력기술서 등에는 잘 드러나지 않은 그만의 전문성과 가치관 그리고 독특한 이야기가 들어 있어 읽는 이의 마음을 사로잡는 데 더 효과적이다.

나를 성찰하고 계발하는 훈련 도구

세상에는 수많은 다름과 그로 인해 벌어지는 다툼과 갈등이 존재한다. 우리는 종종 나와 다른 상대를 무시하거나 미워한다. 하지만 한 걸음 물러나 좀 더 객관적으로 바라보면, 갈등이란 서로 다를 수밖에 없는 다름의 본질을 이해하지 못해 생기는 해프닝이다.

사람들은 각자의 입장과 환경, 지식과 역량, 세계관과 가치관, 삶의 목표와 자신이 생각하는 사명에 따라 최선을 선택하고 행동한다. 그리고 각자가 내린 생각과 선택은 각자가 처한 상황을 감안하면 그 자체로 옳다. 배고픈 장발장이 빵을 훔친 행동은 그때의 장발장에겐 최선이었으며, 격렬한 싸움을 벌이는 이들 또한 당사자들로서는 결국 각자의 최선이다. 물론, 시간의 흐름에 따라 입장이나 상황이 바뀌면 관점이나 선택도 달라지겠지만, 그건 나중 일이다. 그런 의미에서 우리 모두는 다 옳다.

그렇게 보면 상대가 나와 많이 다르다고 해서 이해 못 할 일도 없다. 책을 쓰는 과정에서 더 많은 자료를 살펴보고 많은 입장과 관점을 알아가다 보면 다름을 포용하는 마음의 그릇이 점점 커진다. 세상과 사람에 대한 이해의 폭이 넓고 깊어지면서 내면의 세계 또한 함께 성숙해진다는 의미이다.

글쓰기는 타인을 더 적극적으로 이해하는 계기이자 어떤 문제에 대한 내 내면의 생각을 수면 위로 떠올린다. 즉, 글쓰기는 내 안의 나를 찾고, 그 안에서 타인을 찾으며, 함께 살아가는 세상을 포용력을 갖고 바라보게 만드는 훈련으로, 최고의 자기성찰이며 자기계발인 것이다.

시간의 가장 값진 열매

빈손으로 왔다가 빈손으로 가는 게 인생이란다. 그럼에도 모든 생명이 예외 없이 선천적으로 부여받는 자산이 있다. 바로 시간이다.

사람은 시간을 투자해 지식을 탐구하고, 기술을 배우며, 배움을 갈고닦아 역량을 키운다. 그렇게 인생의 성취를 이루며 자신을 완성해 간다. 또 일정 시간 일함으로써 자산을 늘리고 영역을 확장한다. 이처럼 시간은 지식, 지혜, 역량, 재산, 권력 등을 얻기 위해 필수적인, 선천적으로 갖고 태어난 원초적 자산이다.

'책'은 그 원초적 자산을 쏟아부어 삶에서 얻은 지혜와 성과를 주렁주렁 달아낸 시간의 열매다. 또한, 사람과 사람 사이에 시대를 넘어 삶에서 얻은 철학과 가치를 잇고 나누는 값진 실천이다. 이것이야말로 사람이 살아가면서 시간을 들여 만들어낼 수 있는 최고의 열매 아닐까!

준비하고 쓴다고?

완벽한 준비란 허상일 뿐

저자라는 단어는 언제든 상상조차 못 할 만큼의 무게로 어깨를 내려찍는다. 그래서 책을 쓰려면 그에 상응하는 준비가 필요하다는 생각에, 준비하고 또 준비만 하다가 시작조차 못 한다.

우리는 목표가 생기면 사전조사를 하고, 자료를 모아 분석하고 계획을 세운다. 준비된 자가 기회를 잡는다는 말처럼 어떤 일을 하든 평소 준비는 큰 도움이 된다. 책 쓰기도 마찬가지다. 목표로 정하고 나면 대부분 준비에 많은 시간을 쏟는다. 인터넷에서 다양한 책 쓰기 방법을 검색해 배우고 관련 책을 읽는다. 또 강의를 듣거나 글쓰기 모임 등에 나가기도 한다.

그런데 아이러니하게도 준비 시간이 너무 길어지면 시작하기가 더 힘들어지는 때가 있다. 많이 알수록 마음이 무거워지니 결국 준비 도중 질려 엄두를 못 내고 접는다. 그럴 땐 차라리 조금 부족해도 일단 시작하고 보는 게 상책이다. 하루라도 빨리 시작해야 뭐라도 진행된다. 내겐 책 쓰기가 그랬다. 처음부터 생활의 달인 같은 경지를 꿈꾸다가는 넘어서지 못할 벽을 실감하고 포기할 가능성이 크다. 시작이 반이라는 명언은 책 쓰기에 딱 맞는 말이다.

또 책을 쓰기 위해 오랫동안 준비했다 해도 그와 비례해 내용이 탄탄해진다는 장담은 하기 어렵다. 세상이 빠르게 변하는 요즘은 정보의 유통기간도 짧고, 아이디어도 금세 무소용이 된다. 시간이 길어질수록 내 생각과 콘텐츠는 점점 과거의 유물이 되어버린다. 아무리 최신 정보나 기술이라도 불과 몇 달 안 지나 보편적이 되거나 다 알려져 가치를 상실하는 초스피드 시대 아닌가! 책 쓰기에서도 가장 중요한 것 중 하나가 타이밍이다. 머뭇거리며 준비만 하다가는 자신만의 개성이 듬뿍 담긴 콘텐츠가 세상에 선보일 타이밍을 잃고 만다. 내보일 만한 콘텐츠를 주저 없이 쓰기 시작하는 실행력은 그래서 꼭 필요하다.

준비에서 실행으로

"큰 나무도 가느다란 가지에서 비롯되고, 10층 탑도 작은 벽돌을 하나씩 쌓는 데서 시작한다. 마지막까지 처음 시작할 때처럼 주의를 기울인다면 어떤 일도 해낼 수 있다."

도교 시조인 노자(老子)의 말이다. 산을 오를 때 처음부터 정상만 바라보면 '어휴, 저기까지 어느 세월에 가나' 하는 생각에 마음이 먼저 지친다. 하지만 몇 걸음 앞만 보며 한 걸음 두 걸음 묵묵히 주변 풍경을 즐기다 보면 곧 정상에 도달한다.

책 쓰기도 그렇다. 처음부터 철저히 준비해 베스트셀러를 만들고야 말겠다는 목표로 시작하면 힘이 많이 든다. 차라리 자료 수집과 동시에 편안한 마음으로 일단 쓰기 시작하는 게 출간으로 이어지는 지름길이다. 그런 자세로 실행하면 최신 자료를 모으는 즉시 내용이 되므로 사례나 정보가 생생하다. 또 편안한 마음의 쓰기는 독자들에게 더 편안하게 읽힌다. 그 자연스러움 덕분에 자신만의 개성과 방법이 훨씬 많이 녹아들어 창의성이 더 빛을 발한다. 그러니 일단 멍석부터 깔고 보자. 책 쓸 공간과 시간을 만들고 한글이든 워드든 프로그램부터 열고 보자. 일단 초고만 나오면 대세는 역전된다. 아무것도 없는 백지를 채우는 것보다 모자란 부분을 고치고 채워가는 길이 몇 배는 더 쉽고 빠르기 때문이다. 일단 시작하면 의외로 금방 된다.

'준비'와 '실행'은 다르다. 마음가짐과 태도에 변화를 불러온다. 준비할 때는 보이지 않고 생각나지도 않던 것들이 글을 쓰기 시작하면 예기치 않은 상황에서 떠오르거나 보이곤 한다. 왜 그런 걸까?

책을 쓰겠다는 절실함 그리고 읽는 사람에서 쓰는 사람으로 관점이 전환되며 자연스럽게 받는 선물이다. 책을 읽으며 세상 관찰자의 관점에서 책을 쓰고, 세상 해석자의 관점으로 다가서니 더 많은 게 보이고 떠오르는 것이다. 그러니 정말 책을 쓰고 싶다면 지금 바로 시작하자.

실행은 나를 춤추게 한다

책 쓰기를 실행에 옮기면 책이 써지도록 사고회로가 변한다. 안 보이던 것들이 보이기 시작한다. 《표류사회》라는 한국의 여성 인식사에 관한 오백여 쪽의 책을 쓸 때 일이다. 책의 주제를 정하고 막상 쓰기 시작하니 평소 관련 없다고 생각한 부분에서도 새롭게 보이는 게 있었다. 책 쓰기를 실행에 옮긴 것뿐인데 안 보이던 게 보이기 시작했고, 생각지 못했던 것들을 생각했다. 자료를 조사하면서 많은 정보를 얻고, 다양한 견해와 관점을 살피면서 내게도 새로운 해석의 길이 열렸다. 그 덕에 책을 쓰는 동안에는 TV나 유튜브 등에서 우연히 본 별 관련 없어 보이는 콘텐츠에서도 다양한 영감과 좋은 문장이 팝콘처럼 튀어 올랐다.

어느 날은 TV를 보다가 갑자기 "그래, 바로 이 문장이야"라고 소리치며 방으로 뛰어들어가 미친 듯 쓰기도 했고, 또 어떤 날은 길을 가다가 불현듯 스마트폰 녹음기를 켜고 혼자서 열심히 떠들기도 했다. 보고 듣는 일상, 어쩌다 들은 강연과 TV 속 다양한 소재들이 내가 집중하던 주제를 중심으로 재해석되고 재정렬되었다. 그리고 그렇게 특별한 발견과 기발한 발상을 반복하다 보니 어느새 서점에 진열된 두툼한 내 책을 만나볼 수 있었다.

준비에서 실행으로의 변화는 이처럼 관점은 물론 사고의 폭과 방식에 엄청난 변화를 불러일으킨다.

왜 이 책을 쓰는가?

분명한 동기가 불러오는 동력

버킷리스트에 책 출간을 적어넣고 책을 쓰겠다고 자리에 앉으면 벌써 베스트셀러 작가라도 된 양 기쁘고 들뜬다. 쓰고 싶은 이야기들이 머릿속을 맴돌 때면 기분은 풍선처럼 부풀고 마냥 행복하다. 나 자신이 대견하게 느껴진다. 그 기분이 길면 몇 주까지도 이어진다.

하지만 곧 문제에 봉착한다. 한 가지 주제를 집요하게 파고들며 연관된 생각과 관련 에피소드를 계속 발굴해내기는 생각만큼 만만치 않다. 세상 모든 일에는 고비가 있고, 잊을 만하면 슬럼프가 찾아온다. 휑한 화면 속에서 재촉하듯 끊임없이 깜박이는 커서를 볼 때마다 머릿속이 막막하다. 책 쓰기가 진행될수록 그 주기가 더 짧고 강하다.

살아오며 쌓아온 모든 인풋(input)을 남과 다른 색깔의 아웃풋(output)으로 만들어내는 게 바로 책 쓰기라는 창작 작업이다. 게다가 생각과 지식을 구체적 문장으로 한 줄 한 줄 엮어내야 하는 중압감은 사람을 더 지치게 한다. 그러니 그런 마음을 날려버릴 정도의 바람이 없다면 매일 글을 쓰고 생각하는 시간을 갖기가 쉽지 않다. 절실함이 책 쓰기라는 선명한 꿈으로 이어지고 실현시킨다. 동기를 구체적으로 정리하고, 책을 통해 이루고 싶은 목적을 좀 더 명확히 해보자. 분명한 동기와 간절한 바람은 집념의 불을 꺼뜨리지 않는 자신만의 땔감과 같다.

옆길로 새지 않으려면

보고서, 논문, 사업계획서 등의 서두에는 기획 의도와 추진 동기 및 필요성을 적는 부분이 꼭 있다. 이유가 뭘까? 동기와 필요성을 바탕으로 한 기획 의도가 분명해야 제대로 된 청사진이 그려지기 때문이다. 보고서를 쓰는 동기와 필요성이 명확하면 그것에 어떤 내용을 담을지, 목표가 뭔지 분명해진다. 전체적인 윤곽과 방향이 명료하고 견고해지는 것이다. 그래야 중간에 문제가 생기거나 난관에 부딪혀도 엉뚱한 방향으로 튀거나 헤매지 않는다.

책 쓰기 또한 마찬가지다. 먼저 '이 책의 목적은 무엇인가?', '이 책은 무엇을 전하기 위해 쓰는가?'라는 질문에 한두 줄 정도로 분명히 답할 수 있어야 한다. 책을 쓰려는 동기와 필요성을 바탕으로 한 기획 의도가 명확해야 중간에 뜻하지 않은 문제를 만나거나, 슬럼프에 빠지거나, 막막하거나, 중압감이 밀려와도 끈기를 잃지 않고 해결하고 이겨낼 수 있다. 또한, 글쓰기 시간이 길어지더라도 목적지를 주시한 채 일관성을 가지고 앞으로 나아갈 수 있다.

선한 영향력을 끼칠 책임

세상에는 수많은 견해와 입장이 존재한다. 아무리 훌륭한 경험과 견해라도 어떤 이에게는 관심의 대상이 아니거나 별다른 도움이 안 될 수도 있다. 반대로 아무리 이름 없는 책이라도 세상에 나온 이상 누군가에게는 영향을 미칠 수 있다. 나의 관점과 지식이 어떤 이에게는 그럴 수 있다.

생각해보면 인생의 터닝 포인트는 그리 거창하게 다가오지 않을 때가 대부분이다. 감명을 받거나 깨달음을 얻는 순간 또한 천둥처럼 요란하게 다가오지 않는다. 평범하게 지나치다가도 우연히 찾아와 가슴 한구석을 적시듯 스며든다. 그렇게 삶의 방향을 바꿀 자기만의 소박한 인생템이나 영향을 받는 무언가를 만난다. 알게 모르게 누군가에게 영향을 받아 오늘날 내 생각을 만들어낸다는 말이다. 따라서 우리 역시 누군가에게 좋은 영향을 줌으로써 빚을 갚아야 한다.

책도 그렇다. 대단한 명작이나 유명 고전, 삶을 성찰하게 만드는 철학서가 아니더라도, 서가에 꽂혀 먼지 풀풀 맞으며 겸손하게 선 책이라도 누군가에게는 인생 책이 될 수 있다. 내가 쓰는 책이 누군가의 관점을 바꾸고, 누군가의 삶을 바꿀 가능성에 숙연해야 한다. 내가 누군가의 책으로부터 좋은 영향을 받았듯 내 책도 세상 어딘가의 독자에게 선한 영향력을 끼칠 수 있다는 데 책임감을 가져야 한다. 인류의 문화와 지혜는 그렇게 이어지며 발전해왔다.

바빠서 못 쓴다는 사람들에게

몰입 가능한 환경으로

의지가 아무리 강한 사람이라도 '작심삼일'의 그물은 피해 가기 힘들다. 쉽고 편하고 즐겁기를 원하는 마음은 인간의 본성이기 때문이다. 평이하게 흐르는 일상에서 불편과 고됨을 감내하며 의지를 갖고 뭔가를 계속해 가는 일은 말처럼 쉽지 않다.

그런데 생각해보면 누구나 평소보다 유난히 집중이 잘되며 작업 진도가 쑥쑥 나갔던 경험을 맛본 적 있을 것이다. 주로 긴장되는 상황이나 주시받는 환경에서 그렇다. 편안한 내 방보다 독서실이, 다른 이들과 간간이 눈이 마주치는 카페나 사무실이 공부나 일을 하는 데 있어 더 효율적이다. 평상시의 편안함이 아닌, 약간 긴장되는 환경이 집중력을 높이는 동시에 안일한 마음을 지운다.

책 쓰기도 마음을 다잡기 위해서라면 환경을 이용할 필요가 있다. 누구나 일상을 마무리해야 하는 저녁에는 피곤하다. 그런 상황에서는 책을 쓰기 위해 지친 몸을 일으켜 다시 책상 앞에 앉으려면 온갖 유혹이 눈앞에 아른거리게 마련이다. 유난히 재밌어 보이는 유튜브와 게임, 심지어 평소에는 관심조차 두지 않던 드라마까지 눈길을 사로잡는다.

유혹을 뿌리치고 의지를 굳건히 지키려면 그게 가능한 물리적 환경을 만들고 그 안에 자신을 몰아넣어야 한다. 서재 같은 조용한 공간을 만들고, 자신과 약속한 시간이 되면 반드시 그곳에 들어가 글을 써야만 하는 상황으로 내몰아야 한다. 집안에 집중할 공간이 없다면 일정한 시간에 조용한 카페나 도서관 등을 활용해도 좋다. 정신없이 바쁜 와중에도 책을 써야 한다는 결연한 의지를 꺾지 않고 꾸준히 글을 쓸 시간과 환경을 조성해야 책이 나온다.

나는 두 권의 책을 낸 저자이자 평범한 워킹맘이다. 아이를 챙기고 출근하는 아침은 전쟁통이 따로 없고, 집안일이 산처럼 쌓인 퇴근 후의 저녁은 그저 쉬고 싶은 마음뿐이다.

매일매일 바쁘고 정신없기에 글을 쓰기 위한 공간을 마련하고 시간을 관리하는 일은 책 출간의 성패를 가름하는 중요한 일이다. 멋진 서재를 꾸밀 만큼 방이 많은 집은 아니다. 그래도 어떻게든 책 쓰기에 몰입할 작은 공간만큼은 반드시 마련한다. 어떤 집으로 이사

가더라도, 여의치 않을 땐 침실 한쪽에라도 책상과 편안한 의자, 분위기 좋은 스탠드를 챙겨놓는다. 그리고 일과를 마무리하면 아주 잠깐이라도 스탠드를 켜고 자리에 앉는다. 방을 로맨틱하게 꾸며주는 엔틱한 협탁이나 콘솔은 포기해도 나만의 시간을 보낼 작은 공간만큼은 꼭 만들고, 그곳에서 잠시라도 글을 쓰면서 내일을 살아갈 힘을 얻는다.

환경은 사람을 만든다. 공간을 만들고 환경을 조성해 책을 쓸 수밖에 없는 상황 속으로 나 자신을 몰아가는 것! 꾸준한 작업과 시간이 합해져 숙성돼야만 하는 책 쓰기 성공을 위해 꼭 필요한 팁이다. 의지는 환경의 영향을 많이 받는다. 글을 쓸 수밖에 없는 환경으로 나를 밀어넣자.

유혹을 뿌리치는 루틴

"낙숫물이 댓돌을 뚫는다"라는 속담이 있다. "작은 도끼도 연달아 치면 큰 나무를 눕힌다"는 속담도 있다. 사람에게 주어진 시간과 에너지에는 분명 한계가 있다. 그런데도 원하는 일, 큰일을 이루려면 마음과 시간을 한데 모아야 한다.

책 쓰기 또한 그렇다. 한 가지 주제로 방대한 자료를 모으고, 깊은 생각을 끌어내며, 남과 다른 시각으로 접근하면서 더 넓은 세상을 이해하려면 수많은 시간과 노력이 쌓여야 한다. 가치 충만한 결과물을 얻으려면 열매를 숙성시킬 힘이 필요하다. 본시 책이란 타인의 인생 경험과 지혜를 빌려 나의 부족한 곳을 채우려고 읽는 것이다. 저자는 의당 독자의 그러한 가려움을 긁어주어야 한다.

우리는 안다. 매일 의미 없이 보내는 짧은 조각시간을 붙잡아 한 곳에 집중하면 언젠가 놀라운 결과물을 마주할 수 있다는 사실을! 문제는 바람처럼 스쳐 가는 일상 속에서 어떻게 일정한 시간을 확보하는가다. 요즘처럼 바쁘고 복잡하며 즐길 것, 해야 할 것도 많은 세상에서 매일 짬을 내기란 생각만큼 쉽지 않다.

인간의 뇌는 조금만 지루해도 금세 흥미를 잃고 새로운 즐거움을 찾아 나선다. 몸 또한 더 편함과 안락함을 좇는다. 더불어 문자나 이메일 한 통만 확인하려 해도 내 취향에 맞춘 온갖 마케팅 알고리즘이 유혹적인 광고와 배너로 시선을 어지럽힌다. 내 시간을 자신의 자본으로 삼으려는 온갖 낚싯줄이 도처에 드리워져 입질을 기다린다. 유혹을 피하기 어렵고, 무언가에 긴 시간 집중하기도 힘들다.

그렇다면 직장생활을 하거나, 사업체를 운영하거나, 육아와 살림으로 바쁜 우리는 어떻게 책 쓰는 시간을 만들 수 있을까? 내가 터득한 방법은 '마음을 포기시키는 것'이었다. 오늘은 너무 피곤하니까, 오늘은 특별한 일로 너무 늦었으니까, 오늘은 놀고 싶고 쉬고 싶으니까, 귀찮으니까 등등 수많은 핑계가 밀려올 때도 '단 한 줄이라도 써야 쉴 수 있다'는 습관을 지키려는 고집으로 마음을 포기시키면 매일 책상에 앉는 일이 의외로 쉬워진다.

그러려면 한동안은 매일 일정한 시간에 책 쓰기 공간으로 들어가 앉는 습관부터 들여야 한다. 혼자서는 마음을 다잡기가 힘들다면 글 쓰기 챌린지 모임 등을 만들거나 참여해 강제적 의무를 일부러 만드는 방법도 좋다. 의지로 습관을 만들면 언제부턴가 습관은 유혹을 포기시킨다. 글이 써지든 안 써지든 매일 자신과 약속한 시간에 책상 앞에 앉으면 그것 자체가 하나의 습관이 된다. 그리고 어느 정도 시간이 흘러 '오래된 습관'이 되면 일상을 바꾸고 새로운 상황을 만들어낸다.

그런 습관은 신기하게도 마음에서 일렁이는 유혹을 누그러뜨린다. 정해진 시간에, 정해진 공간에서 컴퓨터 앞에 앉으면 '아, 결국 끝내야 일어날 수 있겠군' 하며 몸과 머리가 인정이라도 한 듯 더는 잡생각이 떠오르지 않는다. 그러고 나면 책 쓰기를 위해 몰입에 빠져드는 시간이 점점 빨라지고 단계가 압축된다.

머릿속 스위치 끄고 켜기

직장인으로서 온종일 생업인 비즈니스 전선에서 골몰하다 보면 퇴근 후나 주말에도 일이 머릿속에서 빙빙 돈다. 분명 사무실에서 그날그날의 일을 마무리하고 왔음에도 자꾸만 생각나는 건 어쩔 수 없는 직업병이다. 물론, 늘 바쁜 건 아니다. 주기적으로 일이 몰려 바쁠 때, 바로 그 시기가 되면 일 생각이 자꾸 불쑥불쑥 떠올라 머리가 복잡해진다. 그리고 거기에서 벗어나지 못하면 퇴근 후 책상에 앉아 책 쓰는 습관도 무용지물이 된다.

우리에겐 일 생각을 막아줄 머릿속 방파제가 필요하다. 불과 30분이든 한 시간이든 책상에 앉은 동안만큼은 다른 생각이 글쓰기를 방해해선 안 된다. 일이 계속 떠오른다면 몸과 달리 마음은 사무실에 있는 것과 다름없다. 어렵게 책상 앞에 앉은 의미가 없다는 뜻이다.

나 역시 책 쓰기 초기에는 이 때문에 많은 시간을 허비했다. 가뜩이나 시간이 절대적으로 부족한데 잡생각으로 시간을 날려버리니 쪽수 느는 속도가 거북이보다 느렸다. 이런 식으로는 끝낼 수 없었다. 차단해야 했다. 명상으로 머릿속에 가상의 스위치를 만들었다. 좀 엉뚱하다 싶을지도 모를 작은 상상 하나의 효과는 의외로 놀라웠다.

책상은 그냥 평범한 상태로 두었다. 일상적인 상황에서 인위적으로 벗어나려 하지 않았다. '없어서 못 하는 것'과 '있어도 안 하는 것'의 차이 때문이었다. 마음이란 놈은 참 얄궂어서 '없어서 못 하는 것'에는 이상하게 더 마음이 간다. 반면, '있어도 안 하는 것'에는 흥미가 줄어들기 쉬운 만큼 신경을 끄기도 쉽다. 그래서 굳이 스마트폰이나 태블릿 등을 자리에서 치우지 않았다.

그 상태에서 잠시 눈을 감고 머릿속에서 직장일, 집안일, 스마트폰이라고 쓰인 가상의 스위치를 하나씩 끄고, 책상 위에 환한 스탠드만 탁 켜는 상상을 한다. 그런 후 어제 어디까지 썼는지 돌아보고, 오늘은 무엇을 어디까지 쓸지 계획을 잡는다.

이렇게 하고 글을 쓰기 시작하면 문자나 카카오톡 진동, 모니터에 메일 알림이 떠도 신경이 덜 쓰인다. 무엇에 집중해야 하는지 분명히 인지한 데다 그날 계획한 분량을 다 쓰기에는 남은 시간이 별로 없어 긴장 상태가 되기 때문이다. 그리고 글을 쓸 때마다 이 명상을 반복하다 보면 나중에는 책을 쓰겠다는 마음만으로도 자연스럽게 '일상'이라는 스위치가 꺼지고 '책 쓰기'라는 스위치가 켜지며 더 빨리 몰입한다.

시간이 많지 않은 직장인이 전업 작가처럼 양질의 책 쓰기에 성공하려면 일상의 번잡한 생각을 억누르고 짧은 시간이라도 강하게 집중할 수 있어야 한다. 굳이 나처럼 명상이 아니더라도 글 쓰는 동안 만큼은 일상 속 생각 찌꺼기에 휘둘리지 않을 자신만의 방법이 필요하다. 즐거움과 새로움, 안락함을 추구하는 인간으로서 피곤한 몸을 이끌고 딱딱한 책상 앞에 앉으려면 자신의 한쪽에서 끊임없이 집적대는 유혹의 뇌를 포기시켜야 한다. 그다음 글쓰기에 몰입하는 시간 단축법을 몸에 익혀야 한다. 그러려면 부단한 연습과 훈련이 필요하다.

루틴만큼 중요한 감시와 관리

바쁜 일상에서 매일매일 글을 쓰는 건 어렵다. 아침은 출근 준비로, 낮에는 직장생활이나 가사로, 저녁에는 하루를 정리하느라 정신이 없다. 피곤함을 무릅쓰고 책상 앞에 앉아도 몸과 마음은 자꾸 침대맡으로 향한다. 피곤하고 복잡한 머리에 다시 시동을 걸려니 암담하다.

약속된 기간 내에 원고를 마감하려면 구체적인 목표 설정과 자기 관찰이 필수다. 출근 전 새벽이나 퇴근 후 저녁 등 자신과 정한 시간에 단 한 줄이라도 쓰는 습관이 잘 자리잡는지 꾸준히 확인하고 스스로를 독려해야 한다. 습관이 배인 몸은 참으로 무섭다. 정해진 시간에 정해진 공간에 들어가 앉으면 자연스럽게 글이 써지기 시작한다. 피곤하고 힘들어서 하기 싫다는 거부감은 사라지고 머릿속에서 자연스럽게 책 쓰기 스위치가 켜진다. 하지만 습관은 조금은 혹독할 만큼 신경 써서 관리하지 않으면 금방 풀어지고 만다. 굳어진 습관을 계속 독려하며 잘 관리해 가는 것! 그것은 습관 만들기만큼이나 중요하다.

처음 세운 큰 계획과 목표를 자꾸 되뇌며, 긴장을 놓지 않고 매일매일 정한 작은 계획과 목표를 자신이 얼마나 잘 실천해 나가는지 부지런히 감시해야 한다. 진도에 대한 구체적 일정을 확인하고, 목표를 지키지 않았을 때의 실망감과 다음에 두 배로 글을 써야 하는 고단함을 상상하자. 그렇게 눕고 싶고, 쉬고 싶은 마음을 다스리며 일정을 관리하고 진도를 채워가다 보면 어느새 원고를 퇴고하는 자신을 만나게 된다.

비로소 독립적인 한 사람

치밀해지는 나

글은 누구나 쓸 수 있다. 표현하고자 하는 욕망은 인간의 본성 중하나다. 오래전부터 사람은 그림이나 글, 생각, 패션 등으로 자신을드러내려 노력해 왔다. 그중에서도 글쓰기는 자아를 표현함으로써얻을 수 있는 여러 만족감을 선사한다.

그럼 단편적인 보통의 글쓰기와 출간을 위한 글쓰기는 어떻게 다를까? 책을 내려면 쓴 글들이 모여야 가능한데, 여기에 중요한 요소가 하나 더 더해진다. 바로 치밀한 기획이다. 자신의 감정 또는 생각을 표현하거나 특정 목적을 위해 쓰는 글쓰기에 기획이 더해져 범위와 규모가 확장되고 내용도 다양해진다.

물론, 단편적인 글쓰기에도 기획은 필요하다. 하지만 출간을 목표로 하는 글쓰기는 훨씬 촘촘해야 한다. 기획이란 상상을 구체화하고, 생각이 목적한 방향을 향해 효과적으로 흐르도록 면밀하고도 날카롭게 방법을 세우는 일이다. 독자에게 책에 담긴 지식과 메시지가 임팩트 있게 다가가기 위해서는 주제에 맞는 소재를 풍성하면서도 뾰족하게 만드는 기획이 필요하다.

보다 더 원대한 목적과 방향에 따른 전략적이고도 체계적인 기획력! 이것이 보통의 글쓰기와 출간을 목표로 한 글쓰기의 차이점이다. 따라서 책 쓰기와 글쓰기는 그 분량과 깊이, 영향력과 파급력 자체가 다르다. 즉, 책은 한 가지 주제를 넓고 깊게 파고든, 전략적으로 계획된 기획의 총체인 것이다. 그러므로 책을 쓰다 보면 자연히 기획력도 치밀해진다.

성숙해지는 나

살면서 하나의 문제를 여러 관점에서 바라보며 다양한 생각을 할 때가 얼마나 될까? 책을 내려 많은 자료를 찾고, 다양한 관점과 견해를 접하며, 비판적으로 바라보다 보면 마음의 품이 넓어지고 자아가 바로 선다. 커진 포용력으로 더 큰 세계를 품는 그릇이 된다. 또 자신의 글에서 나를 발견하고 내적 성장과 치유를 경험한다. 자신도 몰랐던 진짜 자기 생각과 마음을 알게 되니 삶의 가치관과 철학 또

한 확고해지며, 이는 내면세계의 성숙으로 이어진다.

출간을 목표로 한 글쓰기가 주는 선물은 이뿐만 아니다. 내면의 변화와 더불어 외부 상황도 변화시킨다. 책을 통해 그 분야의 전문성을 인정받고, 독자들의 팬심도 얻는다. 강연 요청을 받거나 스펙이 좋아져 채용 및 계약 등에서 상대적으로 유리해진다. 책은 또 다른 외부 세계와 통하는 문이 되어 현실 삶을 변화시키는 기회로도 작용한다. 또 누군가에게는 지식을 전달하고, 누군가에게는 희망을 주며, 누군가에게는 계기를 선사함으로써 인생을 바꾸는 방식으로 선한 영향력을 미친다. 그렇게 누군가는 내 책을 읽으며 좋은 영향을 받는다.

반면, 그 같은 자신감과 더불어 저자로서의 무게감과 책임감도 지게 하는데, 이는 작가로서 성장의 자양분이 된다. 타인의 삶에 영향을 미칠 수 있음을 자각할 때 지금의 나보다 더 나은 생각을 하게 함으로써 긍정적인 파장과 공명을 일으킨다. 조금씩 사람을, 세상을 바꾸어간다. 그러므로 출간을 위한 글쓰기는 나와 내 주변을 새로 써가는 일이다.

온전해지는 나

누군가에겐 의미 있는 정보가 내겐 아무것도 아니듯 정보는 사람마다 필요의 정도가 다르다. 그것은 서로 처한 환경과 경험, 닦아온

기량과 개성, 성격 등의 차이에서 발생한다. 책 출간을 마음먹고 나면 그 프로세스나 글쓰기 등에 관한 많은 정보를 탐색하며 간접경험의 폭을 넓혀가려는 노력을 기울인다. 타인의 경험과 지혜를 바탕삼아 시행착오를 줄이고, 더 낫고 빠르게 글을 쓰고 싶어 한다. 그러다 조급해지면 글쓰기와 출간을 돕는 여러 업체를 전전하거나 대필작가를 찾기도 한다.

전문가의 경험과 실력에 기대어 잘해 보려는 마음은 누구나 가진다. 하지만 '자신에게 답이 있으니 자신을 믿어야 한다'는, 삶에서 터득한 내 나름의 진리는 여기에도 적용된다. 고유함과 독특함 등 개성은 스스로 설계한 자신의 단계에 맞춰 나아갈 때 드러난다. 어떤 업체도, 대필 작가도 대신하지 못한다. 자신을 믿고 스스로 답을 찾아야 한다. 타인의 지혜에 숟가락을 얹기보다 직접 쌓은 경험과 그것으로 단단해진 내 실력이 근본이 되어야 한다. 사람들이 알고 싶고, 보고 싶고, 듣고 싶은 이야기는 자신의 길을 충실히 가면서 얻은 그만의 삶의 통찰이다.

모든 생명체는 성장이 끝나 홀로 설 수 있게 되면 독립을 한다. 그렇게 오롯이 자신만의 길을 간다. 이때의 독립은 자신의 힘으로 온전히 해내는 걸 말한다. 타인의 견해, 타인의 경험과 실력에 의지하느라 자신만의 세계를 구축하지도 제대로 펼치지도 못했다면, 비록 책을 냈다 하더라도 전문가로 인정받기 어렵다. 전문가란 자기의 길을 충실히 걸어 자기 분야에서 하나의 독립적인 세계를 일군 사람이다.

책 출간 후 '내가 완전히 다른 사람이 되었다'는 기쁨을 누렸다면 그것은 온전히 자신의 힘과 노력으로 경주를 완주했기 때문일 것이다.

책을 쓰는 과정은 이처럼 나를 새로 써가는 과정으로 삶에 큰 의미가 있다. 그것이 살면서 책 한 권쯤은 써야 하는 이유다.

출간 기획서에는 무엇이 가장 중요할까?

대형 출판사는 하루에도 수십 통을 넘나드는 투고를 받는다고 한다. 그 속에서 채택되기란 쉽지 않다. 첫인상은 대개 3초 안에 결정된다. 글 역시 처음 한두 줄 읽어보면 계속 읽을지, 그만 접을지가 보이게 마련이다. 책의 콘셉트와 출간의 필요성을 잘 전달하는 강렬한 카피 한 줄이 담긴 출간 기획서가 다음 내용도 읽고 싶게 만든다.

인터넷에 떠도는 출간 기획서 양식을 보면 딱딱하기 그지없다. 출판사는 반드시 양식에 맞춰 서류를 제출해야 하는 공공기관이 아니다. 내가 쓴 창작물의 창의성과 상품성을 한껏 부각해 설득해야 할 고객이다. 만약, 상품을 어필하는 광고가 딱딱한 형식에 얽매여 있거나 글로만 구성되었다면 어떨까? 요즘은 글보다 시인성과 가독성을 높여주는 이미지가 담긴 출간 기획서가 대세다. 같은 분야 기존 서적과의 차별과 상품성을 한눈에 드러내는 게 우선이다. 형식과 분량은 그다음 문제다.

요즘은 출판사의 마케팅만으로 책을 파는 시대가 아니다. 1분 1초가 바쁘고, 온라인 매체가 발달하다 보니 독서량은 갈수록 적어지고 책 판매율이 낮아진다. 신문이나 인터넷 등에 올라온 광고보다는 디지털 시대에 걸맞게 블로그, 브런치, 유튜브 등 저자가 보유한 팬덤과 퍼스널브랜딩을 통해 훨씬 많이 팔린다. 그러니 출판사도 당연히 저자의 영향력을 중요하게 판단한다. 1쇄를 넘어 흑자를 보기까지는 저자의 팬덤과 파급력이 큰 영향을 미치기 때문이다. 따라서 판매로 이어질 만한 저자의 역량과 특이사항을 강조해 자세히 쓰는 게 좋다.

"책 쓰기는
나를 춤추게 해요"

추정희

저서

《우리 아이 행복한 두뇌를 만드는 공감수업》

약력

- 성균관대학교 학사, 석사(유아교육 전공)
- 미국 Midwest University 두뇌영재교육전공 박사
- Midwest International Research Institute 두뇌상담교육연구과정 교수
- 공감연구소 및 리더스브레인 성남 분당 센터장
- (전) 수원여자대학교 유아교육과 겸임교수
        예쁜유치원 원장
- **성남교육청 유치원교사 일일지도안 작성대회 심사위원**
- 성남교육청 유치원 교육과정편성 운영계획 검토위원
- 경기도 교육청 유치원 교사 수업실기대회 심사위원
- '제3 · 4주기 유치원 평가' 경기도 평가위원

꿈 많던 여고생의 버킷리스트

애용하는 나의 3P바인더에는 이런 글이 적혀 있다.

"The moment you write your dreams on paper, your dreams become a reality."

"당신의 꿈을 종이에 적는 순간, 당신의 꿈은 현실이 된다."

감수성 한창 예민한 여고생일 때 학교 문집에 글이 실리면서 나는 국문학도를 꿈꾸었다. 글 쓰는 작가가 버킷리스트가 되었다. 하지만 이 예쁜 꿈은 대학 졸업 후 언제인지 모르지만 뇌리에서 사라졌다. 생업에 매진하다가 그만 잊어버렸을 테다. 그리고 나는 버킷리스트를 쓰는 일조차 하지 않았다.

40대 후반, 3P바인더(바인더의 일종으로 시간을 보다 효율적으로 사용할 수 있도록 특허받은 시간 관리 시스템을 제공한다) 강의를 들었다. 그러자 잊혔던 꿈들이 소환되어 바인더에 차곡차곡 적히기 시작했다. 그 중 1등은 책 쓰기였다. 그렇게 해마다 이룬 것은 지우고, 해내지 못한 건 다시 쓰기를 세 번쯤 반복했을 때 나는 신기하게도 그 기회를 만났다.

막연히 버킷리스트에 쓰기만 한 건 아니었다. 적을 때마다 작가가 되기를 항상 다짐했을 뿐만 아니라 지인들에게 그 간절함을 전했다. 또 책은 어떻게 써야 하는지, 책 쓰기는 어디서 배워야 하는지 관심을 계속 유지하면서 반복해 확인하고 혼자 중얼중얼 외치기도 했다.

반백에 되돌아본 과거와 미래

내 나이 오십 되던 해, 항상 정정할 것만 같던 어머니가 쓰러졌다. 여든이 다 된 부모님은 그 연세 노인들이 그렇듯 여기저기 몸이 아팠다. 그러다 청소, 식사 등 집안일을 도맡아 하던 아버지가 평소 불편했던 다리를 수술하게 되어 병원에 입원했다. 연로해지자 바깥출입을 줄였던 어머니에게 아버지가 안 계신 날들은 걱정과 불안의 연속으로 다가왔으리라 짐작된다. 뇌경색으로 사경을 헤매던 어머니는 애지중지하던 딸들을 알아보지 못했다. 어느 정도 회복된 지금도 온전한 정신으로 딸들과 하하호호 웃으며 이야기하던 과거로는 되돌아갈 수 없었다.

부모님에게 닥친 일련의 사건은 내게 많은 생각을 하게 만들었다. 삶과 죽음, 노년의 삶, 인생이 허락되는 시간…… . 미래를 어떻게 살지 방향을 잡아야 했다. 그렇게 과거와 미래를 돌아보는 시간을 가지면서 바인더에 쓰인 버킷리스트를 다시 챙겨보았다. 그곳에는 성취하지 못한 글자들이 가득했다. 특히, 책 쓰기는 해가 묵을수록 실행되지 않고 반복되고 있었다. 살아온 삶을 책으로 남기고 싶다는 욕망이 치솟기 시작했다. 결심했다. 올해는 책 쓰기를 꼭 실행하리라!

꿈에 다가가게 해준 독서 모임

대학에서 국문학이 아닌 유아교육을 전공한 나는 자연스럽게 유치원 교사로 사회에 첫발을 내디뎠다. 가르치는 일이 적성에 맞았고, 순수한 아이들의 잠재력을 키워주는 교사가 되고자 최선을 다해 열심히 일했다. 하지만 새내기 교사로서 많은 부분이 부족하다고 느꼈다. 아이들의 미래를 책임져야 한다는 사명감으로 수업에 도움이 될 만한 연수와 세미나에 적극적으로 참가했다. 교육의 질은 교사의 질을 넘을 수 없다는 신념 아래 배움을 게을리하지 않았다. 낮에는 아이들과 수업하고, 저녁과 주말에는 대학원 과정을 다니면서 스스로를 성장시켜 나갔다.

유치원 교사가 된 20대부터 50이 넘은 지금까지의 삶은 배움의 연속이었다. 교사로서, 원장으로서, 대학 강사로서 나는 수많은 연수와 강의를 듣고 모임에 참여했다. 그리고 그중 뜻깊은 모임 하나를 통해 마침내 버킷리스트에 적힌 책 쓰기를 실현할 수 있었는데, 그것은 유치원 원장님들과 매주 함께했던 독서경영모임이었다.

모임은 좋은 책을 선정해 함께 읽으면서 느낀 것들을 공유하고, 각자의 삶에 적극적으로 반영할 수 있도록 서로 응원하는 시간으로 채워졌다. 일주일에 한 권씩 읽고 내용을 분석해 PPT로 발표하다 보니 책과 더 친밀해지는 건 물론이고 관심이 커지는 것 또한 당연했다. 자연스럽게 책 쓰기에 대한 열망이 끓어올랐다. 하지만 책은 어떻게 써야 하는지, 출판은 어떤 방식으로 진행되는지를 모르니 선뜻 시작하기가 두렵고 어려웠다.

조언이 필요했다. 내 상황을 모임을 진행하던 강사님께 얘기하자 그는 스스로 책을 쓰게 만드는 훌륭한 책 쓰기 코칭 프로그램을 소개해 주었다. 좋은 사람들과 함께 책을 읽으며 책을 쓰고 싶다는 꿈을 살려냈고, 꿈에 다가가게 된 것이다.

다시 살아나는 삶

콘텐츠를 찾아서

책을 쓰겠다고 PC 앞에 앉으니 뭘 어떻게 써야 할지 몰라 머리만 굴렸다. 구체적인 생각이나 자료를 모으는 등 전혀 준비가 안 된 상태에서 내 책을 갖고 싶다는 마음만 앞세웠을 뿐이다. 쓸 주제를 정하기까지는 오락가락 매번 그랬다.

처음에는 당시 관심이 많았던 분야 이야기를 쓰면 어떨까 생각했다. 평소 자기계발서를 자주 읽어 그런지 워킹맘의 성장기가 매력적으로 느껴질 때였다. 서점과 도서관을 다니며 그와 비슷한 책들을 찾아보고, 머릿속으로 내용을 상상하며 글의 나래를 한껏 펼쳤다. 한편으론 생의 반을 유아교육 현장에서 보냈던 만큼 경험을 살려 전문성을 담은 육아 책을 출판해보고 싶다는 생각도 했다. 이 또

한 나에게는 설레고 흥미로운 주제였다.

어느 날은 전자 속에서 헤매다가 또 다른 날은 후자에 빠져 이리 저리 헤맸다. 이렇게는 도저히 계속할 수 없었다. 책 쓰기 프로그램을 같이하던 몇몇 분들에게 어떡하면 좋겠냐고 물었다. 나의 강점이 뭔지 그들의 말을 충실히 경청했다. 그러면서 남들이 내 책에서 기대하는 것은 내가 직업현장에서 쌓아 왔던 지식과 경험임을 명확히 알게 되었다. 그리고 첫 책에는 내 경험과 인생을 얘기하면서 그 안에 내 직업과 관련된 이야기들을 녹여내기로 결심했다.

사회생활의 시작부터 유아교육 일을 직업으로 삼은 나의 이야기 대상은 유아와 부모들이었다. 평소 그들의 감정과 사고를 이해하고 공감하려 꾸준히 노력했기에 콘텐츠는 충분했다. 책의 주제를 정하기까지는 생각보다 많은 시간이 걸렸으나 최종 결정 후에는 확신이 생겼다.

100가지 에피소드

책의 뼈대는 100가지 에피소드였다. 그 속에는 내 삶과 일하면서 쌓은 가치와 교육철학이 들어가야 했다. 시간이 무려 30년이니 에피소드는 무궁무진했다. 밤이 새는지도, 날이 가는지도 모르고 신나게 휘갈겨 내려갔다. 이야기가 한 개씩 주저리주저리 영글 때마다 참 열심히 성실하게 살았다는 생각에 스스로가 대견했고 보람찼다. 또 이렇게 살 수 있기까지 함께해 준 가족과 지인들이 눈물 나게 고마웠다.

에피소드는 굳이 순서를 정하면서 쓰지는 않았다. 생각나는 대로, 사건 위주로 나열했다. 문장이 완벽해야 한다는 부담감도 떨쳐버렸다. 육아할 때 느꼈던 감정이나 경험들, 유아교육 현장에서 했던 교육내용과 부모 상담 이야기들을 담백하게 적어 내려갔다. 그런데 처음 50개 정도는 술술 풀어냈으나 그 후부터는 추억들 소환에 도움이 필요했다. 시간이 날 때마다 주제와 관련된 사진과 컴퓨터 속 파일들을 들춰보고, 가족 또는 지인들과 과거를 회상하는 시간을 가졌다. 아침에 깨서 잠자리에 들기 전까지 온종일 의미 있던 일들을 기억해내느라 머릿속이 분주했다. 마침내 100개의 이야기를 쓰는 데 성공했고, 이 보석들은 출간된 내 책 속에 열매로 남겨졌다.

내 책을 갖고 싶다면 일상에서 에피소드가 생길 때마다 기록을 해두는 게 좋다. 수첩이나 휴대폰 또는 블로그에 올려도 좋다. 특히, SNS에 꾸준하게 글을 쓰다 보면 자신의 관심 파악이 수월해진다. 그러면 책 쓰기의 절반이라 해도 과언이 아닌 콘텐츠의 주제도 자연스럽게 선택된다. 그중 블로그는 여러 사람과 서로 연결되어 공유되므로 혼자 소장하는 메모장이나 휴대폰보다 더 큰 책임감 아래 꾸준하게 쓰게 되는 장점이 있다.

이것도 엉덩이 싸움이었어!

책의 내비게이션도 책

살다 보면 세상을 먼저 걸었던 전인(前人)들의 도움이 절실할 때가 종종 있다. 특히, 새로운 일에 맞닥뜨리거나 내 능력을 시험하는 벅찬 일 앞에 서게 되면 더욱 그렇다. 그때 본보기 선배가 있다면 힘이 되는 건 물론 실패를 줄여 목적지까지 좀 더 편하고 쉽게 갈 수 있다.

책을 쓸 때도 똑같다. 선례를 안다면 막연한 생각들을 구체화하는 데 멘토가 되는 건 당연하다. 나는 책 주제의 윤곽이 드러날 때쯤 그 분야에 출간된 책들을 찾아보기 시작했다. 인터넷 정보검색은 기본이고 서점과 도서관도 자주 갔다. 출판에 전문 소양을 갖춘 지인에게 좋은 책들을 추천받기도 했다. 그런 과정을 거쳐 관심 가는 책들을 선정해 구입했는데, 나중에 참고도서로 넣기 위해 세어보니 30권이나 되었다.

참고도서 선택하기

- 2~3년 안에 출판된 신간들 위주로 보자. 책 제목부터 목차 설정까지 유행하는 트랜드를 알 수 있다.

- 관련 분야에서 꾸준하게 인기 있는 스테디셀러를 꼭 챙겨보자. 오랜 시간 동안 사람들이 관심을 가지는 책은 양질의 콘텐츠로 채워진, 완성도가 높은 책일 가능성이 크다.

- 내가 쓸 주제를 가볍게 다룬 책과 함께 전문성이 짙은 심도 있는 책도 읽자. 책을 쓰다 보면 목차와 꼭지에 따라서 더 전문적인 용어나 문구가 필요할 때도 있다.

- 주제에 맞되 독자층에 따라 다양한 책을 보자. 주제가 '공감 수업'이라면 유아 학부모를 위한 책은 물론 초등학생 부모를 위한 책도 읽어보자. 내가 쓸 책의 타깃 독자에 대한 이해도를 높이고 맞춤 정보를 주는 데 도움이 된다.

- 책을 쓸 때는 인용 문구들도 유용하다. 독서를 하면서 인용할 만한 문구들을 노트에 따로 정리해두자. 이때는 제목, 저자, 출판사, 관련 문구를 함께 적는 게 좋다.

- 참고도서 중 영향력이 큰 도서가 있다면 같은 저자가 쓴 다른 책도 읽어보자. 저자에 따라서 관심 분야의 영역들이 심화, 확장되는 경향이 있으므로 전문성 확보에 도움이 된다.

효과적인 책 쓰기

책을 쓰기로 다짐한 후 출판 경험이 있는 몇몇 지인을 통해 경험담을 들었다. 그들의 이야기가 탄탄한 지름길을 알려줄 거라는 생각이었다. 하지만 내 예상은 보기 좋게 빗나갔다. 기대가 큰 때문인지 속이 시원해질 만한 이야기는 없었다. 심지어 어떤 분은 많은 경비를 투자했음에도 불구하고 책 쓰는 방법, 원고 투고 방법 등을 배우지 못하고 시간만 낭비하는 경험을 해야만 했다. 안타까웠다.

나는 책 쓰기에 관련된 책과 유튜브에 올라온 책 쓰기 강의 등을 찾아 공부하기 시작했다. 하지만 그 또한 빠른 길이 아닌 데다 잘하고 있는지 확신도 들지 않았다. 독서경영모임 강사님이 알려준 책 쓰기 프로그램은 내겐 꼭 필요한 과정이었다.

예비 작가인 사람이 책 쓰는 방법을 배우는 건 당연하다. 내가 처음 접근했을 때처럼 관련 도서나 유튜브 등 여러 플랫폼을 활용하면서 스스로 익힐 수도 있지만, 개인적으로 나는 강의를 듣고 실습 과정을 거치면서 배우는 게 가장 효과적이고 실행 가능성이 크다고 생각했다. 그리고 내 생각은 맞았다. 10주간의 책 쓰기 프로그램 참여 후에 마침내 곧바로 출판사에 샘플 원고를 투고했으니 말이다.

책 쓰기 프로그램 선택하기

- 책의 기본 구성요소, 목차와 꼭지는 어떻게 정하는지 등을 배우는지 확인하자. 책이 갖추어야 하는 형식을 어느 정도 따라야 하기 때문이다. 그리고 독자 입장에서 볼 때와 저자 입장에서 볼 때는 차이가 있으므로 그것들에 유의해야 한다.

- 프로그램이 진행되는 동안 자신이 쓴 글에 대해 전문가의 피드백을 받아보자. 순수문학이 아닌 책의 글쓰기는 다르게 접근해도 무방하다. 정보 전달이 목적인 책 쓰기는 수려한 문장이나 표현으로 독자들을 사로잡는 문학보다 부담이 적은 게 사실이다. 그럼에도 자신의 글이 책이 지향하는 목적과 맞는지는 피드백을 받아야 한다.

- 프로그램에 각자가 쓴 글에 대해 여러 사람이 합평하는 시간을 가지는 게 좋다. 공동저자가 아닌 혼자 쓰는 책이라면 자신의 책에 대해 객관적인 피드백을 받기가 어렵다. 합평 시간은 다른 사람이 쓴 글을 보면서 장단점을 분석하는 능력이 생길 뿐만 아니라 다른 글의 장점을 자신의 글에 적용할 수도 있다. 또 자신의 글이 다른 사람들에게는 어떻게 이해되는지 미리 평가받을 수 있다. 결과적으로 완성도를 높이는 작업이므로 이런 프로그램을 가진 스쿨이 좋다.

- 책 쓰기 스쿨 수료 후에는 성과가 명확해야 한다. 내가 10주간의 프로그램이 끝날 때 출판사에 투고 가능한 샘플 원고 5꼭지를 완성한 것처럼 말이다. 그러면 나머지 꼭지들은 출판사와 계약 후 어느 정도 기간을 가지고 쓰면 된다.

책 쓰기는 엉덩이 싸움

결론부터 말하자면 책이 나오기까지 과정은 결코 쉬운 게 아니다. 무작위로 100가지 에피소드를 쓸 때까지만 해도 내 책이 나온다는 희열과 추억을 소환하는 마음으로 행복 속을 걸었다. 하지만 주제에 맞는 에피소드를 선별하고 다듬기까지는 불굴의 인내와 지치지 않는 끈기가 요구되었다. 게다가 매일 출근하는 형편에 처한 나로서는 글 쓰는 시간과 장소를 확보하는 일 또한 만만치 않았다.

책을 써 본 사람이라면 안다. 책은 하루아침에 뚝딱 써서 나오는 게 아님을 말이다. 꾸준히 시간을 확보하고 수양하는 마음으로 차근차근 써 내려가야 한다. 나도 그래야 한다는 걸 느낀 후부터는 글이 잘 써지는 시간을 찾아나섰고, 강제에 의한 새벽형 인간으로 살아야 했다. 새벽잠이 많은 나로서는 좀처럼 실천하기 어려운 일이었지만, 자꾸 내려가는 눈꺼풀을 애써 치켜올리며 새벽 5시에 일어나 관련 도서를 읽고 글을 썼다.

주말에는 하루도 빠지지 않고 카페나 도서관에서 글을 썼다. 어느 날은 짧은 시간 안에 술술 쓰기도 했고, 어느 날은 종일 붙들고 있으면서도 몇 줄 못 썼다. 그러는 와중에 느낀 확실한 한 가지는 시간 확보였다. 그것도 많이! 책을 내기 위해 글을 쓰는 작업은 학창시절 공부처럼 엉덩이 싸움임을 절실하게 체감했기 때문이다.

책이 출판되기까지의 진행과정

- 책의 주제 정하기

- 100개의 에피소드 만들기

- 에피소드를 중심으로 목차와 꼭지 만들기

- 샘플 꼭지 5개 완성하기

- 출간 기획안 작성하기

- 출판사에 투고하고 나머지 꼭지 계속 쓰기

- 출판사와 미팅 후 계약하기

- 계약 기간 안에 초고 완성하기

- 출판사와 협업하면서 수정해 나가기

- 최종본 완성하기

- 제목 및 표지 정하기

- OK 교정 후 표지 및 본문 최종 확인하기

- 인쇄, 제본 등 제작

책이 명함이다

학부모에게 길잡이가 된 책

나는 유아교육기관 원장이다. 그런데 요즘 내 소개를 해야 하는 자리에서는 그 명함 대신 책을 내놓는다. 그러면 열 마디 말이 필요 없다.

첫 대면에서 책을 주면 받는 사람들 반응이 대부분 비슷하다.

"우와~ 멋지세요."

얼핏 들어도 나를 보는 우호적인 표현과 감탄이다. 그리고 직업과 관련해 만나는 사람들은 나의 전문성을 믿고 인정한다. 그때가 책 쓴 보람을 제일 크게 느끼는 순간이다. 특히, 내 책을 읽은 부모들이 육아에 많은 도움이 되었다며 피드백을 줄 때는 참 행복하고 뿌듯하다.

최근, 늦은 나이에 외아들을 낳아 키우는 어머니를 상담한 적이 있다. 그녀는 블로그를 통해 내가 운영하는 유아교육기관을 알게 되었다며 말문을 여셨다. 같이 온 아이는 우리 나이로 일곱 살이었는데, 아이가 입구에서 들어오지 않자 어머니는 포기한 듯하면서도 상기된 얼굴로 하소연을 시작했다. 이야기가 한 시간 정도 계속될 때까지도 아이는 입구에서 꼼짝하지 않고 서 있었다. 다른 선생님에게 보살펴 달라고 했지만 아이는 의자에조차 앉지 않으려 했다. 어렵게 낳은 귀한 아이니만큼 어머니는 아이에게 훌륭한 교육환경을 만들어주고 싶어 했다. 국제학교에 진학시키려 비싸다는 어학원을 보냈고, 귀가해서는 원어민 영어교사에게 따로 과외까지 받게 했다. 하지만 그녀의 기대와는 다르게 아이는 어느 순간부터 등원 거부를 시작했다고 한다. 아이가 왜 입구에서 들어오지 않고 긴 시간 동안 서 있었는지 짐작이 가는 대목이었다.

아이가 걱정된 나는 어머니에게 내 책을 주면서 꼭 읽어보시길 권했다. 다음날, 그녀는 단숨에 책을 읽고 밤새도록 아이에게 무엇이 중요한지를 고민했고, 자신의 양육태도에 대해 반성했다며 전화를 주었다. 그러고는 이후 상담일정을 잡았다.

우리는 살면서 순간순간 문제 해결에 필요한 정보가 절실할 때가 있다. 두 번째 상담에서 내 책이 그녀의 양육태도 및 아이와의 관계 개선에 도움이 되었다는 걸 사실로 느낄 수 있었다. 책 쓰기를 참 잘

했다는 생각과 보람이 동시에 가슴속으로 밀려들었다.

다양한 채널을 만나다

책이 나오자 책 소개와 함께 나의 교육철학과 삶의 경험을 나눌 기회와 플랫폼이 많아졌다. 하지만 전처럼 나를 소개하는 수많은 미사여구는 하나도 없었다. 책 제목 하나만으로도 충분히 내가 어필되었고, 전문가임을 책이 이미 대변해주고 있으니 별 설명이 필요치 않았다.

대면 강의

책이 출간되고 가장 많이 한 게 대면 강의다. 독서경영에 관심이 많았던 나는 독서모임에 꾸준하게 참여했는데, 이를 계기로 몇몇 독서모임에 초대되어 강연하는 기회를 얻었다. 특히, 아이들 교육에 관심 많은 부모님이 회원으로 있는 곳에서는 내 책에 대한 관심도 많고, 강의 피드백도 좋아 보람이 느껴졌다. 또 독자층이 아동기 부모와 교사다 보니 지역 육아종합지원센터에서 개설한 학부모 및 교사연수에 초대를 받았고, 문화센터로부터 부모님들을 위한 강좌를 요청받기도 했다.

비대면 강의

책 출간 후 얼마 지나지 않아 코로나19 감염병이 전국으로 퍼져 나가기 시작하자 이미 잡혀 있던 대면 강의들이 줄줄이 연기되고 취소되었다. 그러다 어느 정도 시간이 흐른 뒤부터 줌(Zoom)을 통한 비대면 강의 기회들이 생기기 시작했다. 처음에는 익숙지 않은 형식이라 부담스러웠으나 반복하다 보니 금방 친근해졌고, 대면 강의 대체도 가능해 보였다.

비대면 강의의 장점은 장소에 구애받지 않고 많은 사람을 만날 수 있다는 것이다. 이동처럼 대면 강의를 위해 소요되는 추가 시간을 아낄 수 있다는 점도 매력적이다. 청중 입장에서도 지방이나 해외에 계신 분들도 마음만 먹으면 언제든 쉽게 참여가 가능하니 매우 편하다.

칼럼 쓰기

책이 나오니 책과 관련된 주제로 지역 신문사에서 칼럼 요청이 들어오기도 했다. 홍보 차원에서 출판사에서 요약한 내용이 실릴 때도 있었지만, 책 내용에 공감한다면서 칼럼을 제안받았을 때는 형언할 수 없이 기뻤다. 칼럼에 대한 독자들의 피드백을 알 수 없어 아쉽기는 했지만, 내 글을 읽고 조금이라도 좋은 영향력을 받는 사람들이 있음을 상상하면 참 행복했다.

유튜브 참여

평소 유튜브에도 관심이 많았던 나는 은사님이 운영하는 채널에 초대되는 영광을 누리게 되었다. 그것도 내 책을 콘텐츠로 두 달 동안 매주 두 편씩 업로드되었다. 그전에도 인터뷰 형식의 책 소개가 있었으나 이렇게 많은 시간을 할애한 유튜브 노출은 첫 경험이기도 해서 무척 설레고 재미있었다. 내 채널을 만들고 싶다는 꿈을 가지게 된 계기였다.

오디오 채널

오디오 클립 〈파블로를 읽어요〉 녹음은 새로운 경험이었다. 보이스 소통 전문가로 활동 중인 김아진 아나운서와의 대담은 글로 된 나의 이야기들이 매력적이고도 편안한 소리로 다시 태어나는 듯했다. 눈으로 보는 세상이 귀로 들릴 때 더 감각적으로 다가온다는 사실도 알게 되었다. 육아에 지친 엄마들에게, 그대들이 쏟는 모든 에너지가 진정 가치 있는 일이므로 좌절하지 말고 힘내라는 책 속 메시지는 아이들이 잘 때나 집안일을 할 때 귀로 읽는 오디오북 같았다.

부모교육 프로그램

교육은 아이들, 교사, 부모가 서로에 대한 신뢰 아래 일관성 있게 진행해야 한다. 유아교육기관을 운영하는 기관장은 원에서 하는 교육프로그램과 교육철학을 부모님들과 함께 소통하고 공감하는 과정이 절대적으로 필요하다. 내가 매년 학부모들을 위해 부모교육프로그램을 직접 운영하는 이유다. 그때마다 나는 그들에게 도움이 될 만한 관련 책들을 사서 함께 읽고 나누는 시간을 갖는데, 책을 출간한 후부터는 교재로 사용 중이다. 그러다 보니 프로그램의 완성도가 더욱 짜임새 있게 맞춰진 것 같아 한층 더 보람차다.

지금은 두 번째 책을 넘보는 중

슬금슬금 다가서기

할 때마다 나를 꽤 괜찮은 사람으로 만들어주는 매력을 가진 책 쓰기는 미리부터 마음이 설렌다. 내 책이 세상에 처음 나오던 날을 잊지 못한다. 표지는 생각보다 예뻤고, 인쇄된 문장들은 더 수려해 보였다. 그때 나는 결심했다. 매년은 아니어도 2~3년에 한 번씩은 책을 내리라. 책을 쓸 때의 인내와 고뇌는 어느샌가 사라져버렸다.

혼자 책을 써봤으니 두 번째부터는 준비만 차근차근하면 어렵지 않게 쓸 수 있겠다는 자신감이 생겼다. 또 블로그나 바인더에 꾸준하게 글쓰기를 하고 있으니 에피소드를 모으는 데도 시간이 많이 안 걸릴 것이다. 책 쓰기를 시작할 때 제일 어려웠던 게 주제를 정하고 에피소드를 모으는 일이었기 때문이다. 이것만 정해지면 책 쓰기의 반은 끝난 것과 같다. 에피소드에 살을 붙이고 목차에 맞게 꼭지를 구성하면 되니 정말 시작이 반이다.

책 쓰기를 희망한다면 꼭 도전해보라. 먼저 플랜을 짜고 하나씩 풀어가면 된다. 나처럼 책 쓰기 프로그램에 참여해도 좋고, 다양한 채널을 통해 공부하며 써도 좋다. 하지만 혼자 하다 보면 쉽게 포기할 수 있으니 함께하는 사람들이 있었으면 좋겠다. 요즘은 챌린지 형태의 책 쓰기 동아리나 모임들이 있어서 과제 형태로 서로 진도를 챙기며 합평을 해주거나 의견 소통을 한다니 그것도 좋겠다. 함께하면 중도에 포기하지 않고 완주할 확률이 높은 건 당연지사 아닌가!

가장 큰 수혜자는 나

책을 쓰면서 나는 그 어느 때보다도 많은 독서를 했다. 특히, 정독하려 애를 썼다. 그 과정에서 해당 분야의 전문적인 지식이 자연스럽게 습득되었다. 내 생각에 한 분야의 책을 백 권 정도 읽으면 박사학위와 맞먹는 지식을 축적했다고 해도 과언은 아니리라 본다. 또 같은 분야의 책들을 읽다 보면 중복 내용이 많다. 그럴 때면 고유한 나만의 생각, 주장, 의견 등이 독특하고 매력적으로 느껴지기도 한다.

많은 독서량을 겸비한 책 쓰기는 양질의 책을 출산할 뿐만 아니라 사고 능력의 향상 및 이해의 폭을 넓혀준다. 내 경우는 인간의 됨됨이인 인성을 다루는 콘텐츠가 주제인 만큼 공감 능력과 소통 능력을 기르는 데도 큰 도움이 되었다.

책이란 독자들에게 말하고 싶은 저자의 메시지가 담긴 그릇이긴 하나 어쩌면 가장 큰 수혜자는 바로 저자일지도 모른다. 내가 쓴 책의 내용대로 삶이 영글어야 한다는 긴장감이 무의식 속에 항상 자리잡고 있어 그렇다. 내가 후속작 또한 인성 관련된 내용으로 쓰고 싶고, 준비 중인 이유다. 두 번째, 세 번째 책들을 출간할 때마다 나는 공부하는 자세로 수많은 책을 읽을 것이고, 그때마다 풍요롭고 지혜로운 삶을 살기 위해 노력할 것이다.

어떤가? 여러분도 자신의 삶을 책 쓰기를 통해 멋지게 계획하고 실천해보지 않겠는가? 책 쓰기는 당신을 춤추게 하리라 확신한다.

할 때마다 나를 꽤 괜찮은 사람으로 만들어주는

매력을 가진 책 쓰기는 미리부터 마음이 설렌다.

내 책이 세상에 처음 나오던 날을 잊지 못한다.

표지는 생각보다 예뻤고,

인쇄된 문장들은 더 수려해 보였다.

책을 쓸 때의 인내와 고뇌는 어느샌가 사라져버렸다.

"책은
모든 이의 꿈 상자입니다"

문윤선

저서
《어쩌다 13년째 영어학원을 하고 있습니다》
《중2 MVP 영어 학습법》

약력
- 한국외국어대학교 경제학 석사
- 사이버 한국외국어대학교 영어과 학사, 중국어과 재학 중
- (현) 영어학원 운영 15년 차
- 프랜차이즈 최우수 분원
- 본사 강의 경력 다수
- **창업 후 매달 학부모 강연 및 모임 13년 차**
- 자녀 영어교육 강의 100회 이상, 인천 영어골든벨 사회
- 연 4회 이상 교사 교육, 프랜차이즈 방송 인터뷰 다수

꿈 공장 이야기

꿈꾸는 사람들

요즘 세상에 책을 만드는 일은 그리 매력적이지 않다. 첫째, 사람들이 책을 읽지 않고, 둘째, 책을 사지 않는다. 2019년 통계청 자료에 따르면 우리나라 13세 이상 국민 1인당 연평균 독서 권수는 7.3권이다. 한 달에 한 권도 읽지 않는다는 말이다. 그 한 권의 책에 선택되기 위해 수많은 출판사가 책 제목이라도 알리려고 고군분투한다.

이렇게 힘든 출판시장에서 아이러니하게 책을 내고 싶어 하는 사람들은 점점 많아지고 있다. 책이 나오는 경로도 다양하다. '브런치' 같은 플랫폼을 통하기도 하고, 인기 있는 웹소설이 종이책으로 출간되기도 한다. 동네 문화센터 프로그램에도 책 쓰기 강연이 있을 정도로 작가가 되고 싶은 사람들이 많다. 작가라는 꿈, 좋은 책을 만들고 싶은 꿈들이 모여 책을 읽지 않는 시대에도 책은 계속해 나온다. 누군가의 간절한 꿈을 담은 책은 그렇게 만들어진다.

작가를 꿈꾸는 예비작가

나는 어릴 때부터 책이 좋았다. 조용히 책 한 권 들고 앉으면 다 읽을 때까지 시간 가는 줄 몰랐다. 《셜록홈즈》를 읽으며 범인을 함께 찾고, 《나의 라임오렌지 나무》를 보며 마당에 우뚝 서 있는 나무와 대화를 나누었으며, 《안네의 일기》를 읽고는 내 일기장에 이름을 지어주었다. 친구들이 쓰기 싫어하는 독후감 쓰기를 좋아했고, 교내 글짓기 대회에서 몇 번 상을 받았다. 그렇게 책 속 이야기에 빠져들기 좋아했던 그때 나는 남몰래 마음속에 작가라는 꿈을 품었다. '작가'라는 말만 들어도 설렜던, 낯뜨거워 남들에겐 말할 수 없던 소심한 나만의 꿈!

어느 날, 난 그 꿈을 소리 내어 말했다.

"저 작가가 되는 게 꿈이었어요."

"그래? 내가 책 쓰기 강연에 많이 다녀봤는데, 제일 괜찮은데 소개해 줄게."

부끄러워 누구에게도 보여준 적 없던 꿈을 입 밖으로 내는 순간 나는 꿈에 가까워졌다. 어릴 때는 '작가가 되려면 국문과를 나와야 하나 아니면 문예창작과를 나와야 하나?' 정도만 생각했다. 어른이 되어 내 일이 생긴 후부터는 작가라는 꿈을 꺼내보지 않았다. 그런데 지인이랑 커피를 마시는 그 자리에서 갑자기 난 작가의 길에 한 걸음 가까워졌다. 그때 그 꿈을 꺼내놓지 않았다면 아마 나는 아직도 마음속에 꿈을 꽁꽁 숨겨놓았을 것이다.

나는 곧장 소개받은 책 쓰기 프로그램에 등록했고, 그날부터 작가로 살았다. 제출해야 할 과제를 할 때 이미 난 작가였고, 출판사와 계약이 안 되었을 때도 작가였다. 수줍어서, 남들이 비웃을까 봐 꺼내놓지 못했던 꿈이 그렇게 한순간에 현실로 다가왔다.

좋은 책을 꿈꾸는 출판사

'책'이라는 상품은 유독 자존심이 강하다. 좋은 책은 누군가의 인생을 바꾸기도 한다. 가장 기억에 남는 책, 한 사람의 평생 멘토가 되고 싶은 게 '책'의 바람이다. 그래서 그 '책'을 만드는 출판사 구성원들도 자존심이 강하다. 수많은 출간 기획서 중에 '책'이라는 상품으로 나올 만한 이야기를 엄격히 고른다. 그리고 작가와 미팅을 하고 원고를 검토한다. 출판사의 연락을 기다리는 예비작가의 마음도 간절하지만, 좋은 작가를 만나고 싶은 출판사의 마음도 간절하다.

"작가님 책을 누가, 왜 읽어야 하죠?"

첫 미팅에서 출판사 대표가 한 첫 질문이었다. 미팅 후에 가방을 놓고 나올 만큼 긴장했던 나는 아직도 그 질문이 귓가에 생생하다. 1년에 걸쳐 쓰고, 고치고, 다시 쓰고, 고쳤던 내 원고가 '누가', '왜' 읽어야 하냐는 기본적인 질문에 별것 아니게 느껴졌다. 작가가 되고 싶어 책을 썼는데, 아무도 내 책을 읽지 않는다면 무슨 소용이 있을까?

나는 그 자리에서 출판사 대표에게 시장성 있는 작가임을 설명해야 했다. 서점에서 다른 책이 아닌 내 책이 선택될 수밖에 없는 이유를 자신 있게 말하고 이해시켜 그 책의 작가로 자리매김했다. 이렇듯 좋은 책을 만들고 싶은 출판사의 간절한 바람에 접속하려면 작가는 양질의 글을 가져가야 한다.

예비작가가 출간작가로 성장하길 꿈꾸는 기획자

앞서도 말했듯 책을 사는 사람은 없는데, 책을 쓰고 싶은 사람들은 많다. 책 한 권이 누군가의 브랜드가 되는 시대라 그런지 점점 더 늘어만 간다. 이미 성공한 사람들에게는 반짝반짝 빛나는 훈장이 되고, 성공을 꿈꾸는 사람들에게는 성공으로 가는 명함이 된다. 책 쓰기 기획자들이 생긴 이유다.

그들은 책은 쓰고 싶은데 방법을 모르는 사람들에게 가이드가 되고, 책 쓰기 원하는 사람들을 한자리에 모은다. 하지만 책 쓰기 강의를 듣는다고 모두 작가가 되는 건 아니다. 과정을 따라가다 보면 처음의 열정이 식기도 하고, 현실의 벽에 부딪히기도 한다. 그래도 기획자들은 꿈을 꾼다. 단 한 명의 예비작가라도 꿈을 이뤄 작가로 성장하기를 바라며 출간이 되기까지 심혈을 기울인다. 꿈을 파는 사람들이기에 예비작가들의 간절함과 책 한 권의 가치를 누구보다 잘 안다. 그들 또한 책을 사랑하고 함께하는 사람들이기 때문이다.

한 줄 한 줄 좋은 글을 꿈꾸는 편집자

작가는 자신의 원고를 여러 번 반복해 고치고, 고친 다음 출판사에 최종 원고를 넘긴다. 하지만 아무리 꼼꼼히 고쳐도 출판사에서 보내주는 피드백을 보면 원고가 온통 빨간색투성이다. 작가의 글을 작가보다 더 신경 써서 읽는 사람들이 편집자들이다. 출판사로부터 교정된 원고를 받으면 얼굴도 모르는 편집자에게 무한히 감사해진다. 책 만드는 사람들은 예민하고 깐깐하다. 책 뒤에 숨어 있는 편집자, 디자이너, 일러스트레이터 등은 모두 자기가 만드는 책에 대한 자부심을 가진 사람들이다. 좋은 책을 만나 작업하기를 간절히 바랄 뿐 아니라 단 한 자의 오탈자도 없기를 꿈꾼다. 출판사에는 이처럼 작가를 도와줄 수 있는 든든한 지원군이 있다.

꿈을 파는 사람들

얼마 전 대형 프랜차이즈 서점이 문을 닫을 때였다. 책을 찾기 위해 출판사 사람들이 서점에 줄을 선 모습이 기사로 나왔다. 그 모습을 보며 '요즘은 대형서점도 힘들구나' 생각이 들어 서글펐던 기억이 난다. 오프라인 서점이든 온라인 서점이든, 동네 서점이든 대형서점이든 할 것 없이 책을 파는 사람들도 모두 꿈을 파는 사람들이다. 한 번 소비되고 사라지는 상품이 아닌, 지식을 팔고 이야기를 파는 일이다. 작은 네모 상자 크기의 책 한 권이지만, 그 안의 내용은 산이 될 수도, 우주가 될 수도 있다.

나는 여행을 다닐 때마다 일부러 동네 작은 서점을 찾는다. 그곳에 가면 주인들의 책에 대한 자부심이 보인다. 자주 가는 강원도의 작은 서점 주인은 백발의 나이에도 머릿속에 수많은 책의 위치를 알고, 원하는 누군가에게 언제든 맞춤 책을 추천한다. 그런데 서점은 이제 사양산업이 된 지 오래다. 학원 앞 오랜 전통을 자랑하던 서점은 초등학교에서 시험이 없어지면서 문제집 판매가 줄자 문을 닫았다. 서점 안 많은 책이 새로 나온 책에 밀려 구석에서 먼지가 쌓여가듯, 서점들도 점점 어디론가 밀려간다. 그럼에도 그들은 여전히 서점을 지키며 책을 판다. 분명 꿈을 파는 사람들이기에 그렇다.

지금은 꿈을 향해 나아갈 때

이제는 그들과 함께 '책'이라는 꿈을 꿀 시간이다.

"작가가 되고 싶으세요?"

이 질문에 'Yes'라면 어떤 책을 쓰고 싶은지를 정해야 한다. 보통 책을 쓰고 싶다고 할 때는 두 가지로 주제가 나뉜다. 한 가지는 내가 하는 일의 전문성과 연관된 이야기이고, 또 다른 한 가지는 개인적인 이야기이다.

보통은 자신의 직업과 관련한 전문성을 담은 책을 주로 쓴다. '부동산 전문가', '경매 전문가', '교육 전문가', '운동 전문가'까지 정말 다양하다. 그렇다면 '전문가'여야 한다. 내 일에 대한 전문적인 지식은 물론 남들과 다른 차별화된 뭔가를 담아야 한다.

반면, 개인적인 이야기를 책으로 쓸 수도 있다. 주제는 다양하다. 30대, 40대, 50대 등 나이를 주제로 하거나 여행이나 가족, 독서, 애완동물 등 친근한 주제로 나만의 이야기를 쓰면 된다. 하지만 이런 주제의 글은 정말 잘 써야 한다. '에세이' 쓰기가 가장 어렵다고 얘기할 정도이니 말해 무엇하랴! '나의 이야기'가 시장에서 통하려면 일기 수준의 글로는 안 된다. 누군가의 마음을 울릴 만큼의 글솜씨와 문학성을 발휘해야 가능할까 말까다. 게다가 같은 주제지만 남들과 다른 시선을 보여줘야 한다.

책 기획자들 사이에서 농담처럼 하는 이야기가 있다.

"100억 정도 날린 거 아니면 망한 얘기 하지 마세요!"

"죽다 살아난 거 아니면 아픈 얘기 하지 마세요!"

다소 극단적으로 들릴지 모르지만, 그 정도로 온갖 사연들이 담긴 책이 많다는 뜻이다. 내가 고생한 얘기는 고생도 아니고, 내가 아픈 얘기는 아픈 것도 아닐 만큼 더 힘들고, 더 아픈 이야기를 담은 책이 널렸다는 말이다.

자, 이제 자신이 하려는 이야기를 가만히 꺼내보는 시간을 가져보자. '나는 작가가 되고 싶다'에서 '나는 어떤 책을 쓰고 싶을까?'로 한 단계 나아가 보자. 순간 내 꿈이 현실로 한 단계 가까워진다.

어떤 꿈을 담을까?

처음에는 '작가가 되고 싶다'는 생각으로 책 쓰기 강좌를 찾았다. 어떤 주제든 정하기만 하면 쓸 수 있다는 근거 없는 자신감에 꽉 찬 채 질문을 받았다.

"어떤 책을 쓰고 싶나요?"

'40대가 일하고 아기 키우는 이야기? 이건 너무 흔하잖아.', '어릴 때의 성장 이야기? 내가 연예인도 아니고 누가 궁금해하겠어?', '결혼 이야기? 82년생 김지영이잖아.'

대답할 수 없었다.

그러다 상상조차 하지 않았고, 제일 하기 싫었던 나의 일로 생각이 미치자 조금 더 구체화되었다. '우리 학원이 유명학원인가? 그냥 동네에서 조금', '내가 프랜차이즈 대표인가? 아니잖아', '나 영어 완전 잘해? 그것도 아닌데……' 하고 질문과 대답을 오가며 고민했다. 남들이 하지 않은 경험 그리고 내가 도움을 줄 수 있는 분야, 즉 내가 제일 잘하는 걸 찾아야 했다.

드디어 첫 책의 주제를 잡았다.

"에이, 네가 무슨 영어학원을 해!"

핀잔을 들던 내가 깨지고 넘어지면서 배운 학원 창업! 나처럼 아무것도 모르고 시작하는 사람들을 위한 책! 그리고 내가 만난 학부모들과 아이들의 이야기를 쓰기로 했다. 그 이야기라면 내가 제일 잘할 것 같았다.

책 쓰기 전 스스로에게 물어보기

왜 책을 쓰고 싶은가?

이 책은 누가 읽을까?

이 책을 읽으면 독자는 뭐가 좋은가?

작가가 되면 이 책으로 무엇을 할 건가?

이 책으로 강의를 할 수 있는가?

어쩌다 작가

영어학원도 좌충우돌, 책 쓰기도 우당탕탕

첫 책《어쩌다 13년째 영어학원을 하고 있습니다》에 '좌충우돌 우당탕탕 학원 창업기'라는 챕터가 있다. 나는 수능 이후로 영어 공부를 해본 적이 없다. 학교 다닐 때 영어학원을 열심히 다닌 적도 없다. 그런 내가 어느 날 갑자기 영어학원을 창업했다. 학원 경영을 못하는 게 당연했다. 맨땅에 헤딩하는 심정으로 전단지를 접어 아파트 집집마다 붙이면서 할 수 있는 홍보는 다 해봤고, 할 수 있는 영어 공부도 다 해봤다. 그때는 그게 효율적인지 아닌지 따질 여유도 없었다. 그냥 하루하루 최선을 다해 살았다. 그렇게 그 시간을 견뎌냈다.

책 쓰기 수업을 들으러 갔을 때 나는 자신감이 머리 꼭대기까지

치솟았다. 학원 경영도 안정적이었고, 나름 인정받으며 일하고 있었으니까! 단기간에 100명, 200명을 넘긴 학원은 많지 않은 데다 3년 넘기기 힘들다는 학원을 13년째 운영한다는 자부심이 있었다. 학교 다닐 때 유일하게 받은 상이 글짓기, 독후감 상이니 글쓰기 또한 자신만만했다. 편지를 주고받으며 연애할 만큼 글쓰기를 좋아했고, 또 글을 잘 쓰는 줄 알았다.

"작가님은 글을 잘 못 쓰세요. 맥락이 없어요."
"글에 정보가 없잖아요. 무슨 말을 하고 싶으신 거예요?"
"여기서 독자가 빼먹을 내용이 뭐예요?"

하늘이 무너지는 줄 알았다. 책을 쓰겠다고 찾아간 수업에서 회를 거듭할수록 한없이 작아졌다. 첫 수업부터 자신 있게 에피소드 100개를 첫 과제로 제출했다. 목차를 배운 날은 혼자서 목차를 4~5개나 만들었다. 목차를 짜고 글을 쓰기 시작하면서는 벌써 책이 나온 듯한 감상에 빠져들었다. 그런데 날이 갈수록 수업 시간만 되면 내 글이 못난이 같고 점점 더 막막해졌다. '무대뽀로 열심히'만으로는 작가의 길로 나아갈 수 없었다.

책 쓰기 1단계,
최대한 많은 소재 모으기

책 쓰기 첫 과제를 하러 예쁜 바닷가 카페에 갔다. 노트북을 켜고 커피 한 잔을 옆에 놓았을 때 나는 벌써 작가라도 된 듯 구름 위를 걸었다.

내가 배운 첫 글쓰기는 '무조건 쓰기'였다. 쓰고 싶은 이야기를 소제목을 붙여가며 10줄 정도 단락으로 계속 썼다. 소제목 100개를 목표로 무작정 써 내려갔다. 내 경험 이야기였으므로 에피소드 위주로 제목을 잡고, 사건과 생각을 구별하지 않았다. 추억을 꺼내놓으니 시간 가는 줄 모르고 신나게 썼다. 그러다 보니 어느새 A4용지로 60여 장이나 되었다. 그렇게 많은 양을 게 눈 감추듯 써놓은 난 이미 작가였다. "벌써 다 써서 어떡해!"라며 걱정까지 했다.

생각해보면 무식해서 용감했던 거였지만, 난 그렇게 즐겁게 썼다. 지금도 책을 쓰겠다고 마음먹은 사람들에게 난 이 방법을 가장 먼저 추천한다. 이리 재고 저리 재다 보면 쓸 수가 없다. 남들이 볼 걱정, 내 얘기가 과장은 없는지, 빼먹은 내용은 없는지 같은 걱정은 나중에 해도 된다. 글의 구조나 맥락에도 조금은 관대해지자. 작가가 되려면 그리고 책을 쓰려면 일단 무조건 써야 한다. 예비작가들은 이 과정을 너무 잘하려고 애를 쓰는 바람에 진도 자체를 나가지 못할 때가 많다. 어차피 이렇게 써놓은 글의 대부분은 날아간다. 그래도 쓰자. 버리는 글을 많이 써봐야 좋은 글도 나온다.

책 쓰기 2단계, 모으고 묶고 버리고

그다음은 원고를 다시 보며 비슷한 주제별로 묶고, 중복되거나 쓸데없어 보이는 내용은 빼며 글감을 정리했다. 막상 그렇게 정리하다 보니 버려지는 글이 반이 넘어 다시 보충하고 채워나가야 했다. 쓸 내용이 많을 줄 알았는데, 다시 정리하면서 보니 중복이 엄청났고, 다 버리고 나니 내용이 너무 빈약했다.

진짜 공부는 그때부터였다. '버리기'를 잘해야 좋은 책이 나온다. 작가는 모든 글이 너무 소중해 잘 버리지 못한다. 글을 쓸 때 뿌듯했던 기억 때문에, 아까워서, 진짜 좋은 것 같아서 못 버린다. 이때 주변 사람의 도움이 필요하다. 나는 남편을 매일 괴롭혔다. 책 읽는 걸 싫어하는 사람이라 내 글 읽기를 지겨워했다. 그래도 대충 읽다가 "이건 괜찮은데"라고 말하는 글은 좋은 평가를 받았다. "이건 뭐라는 거야!" 하는 핀잔 한마디에 뾰로통 삐지긴 했으나 미련 없이 글을 버렸다.

일단 많이 쓰자. 책으로 나오기 전까지는 내가 뭘 썼는지 아무도 모른다. 양을 채우고 나면 모으고 묶고 버리는 3단계로 정리하면 된다. 지인들을 괴롭혀도 좋다. 작가가 되려면 읽어 달라고 조르는 용기도 필요하다.

책 쓰기 3단계,
핵심 정보 찾아내기

'책 쓰기는 일기가 아니다!' 나만 보는 글이 아니라는 말이다. 독자는 이 책에서 뭔가 도움이 되는 내용을 얻을 수 있어야 한다. 그러려면 나만이 해줄 수 있는 내용이 담겨야 한다. 참고도서뿐만 아니라 내 책과 비슷한 분야의 책을 많이 읽어봐야 한다. 책을 쓸 때는 서점에 가는 게 일상이었고, 갈 때마다 창업 및 영어, 경영 등 닥치는 대로 책을 사고 읽었다. '이 책이 아닌 내 책을 사서 읽어야 하는 이유'를 꼭 찾아야 했다.

책 한 권을 쓰려면 정말 많은 독서가 필요하다. 그렇다고 무작정 책을 읽을 수는 없다. 내가 쓰려는 책의 주제를 잡았다면 참고할 만한 관련 도서를 봐야 한다. 경쟁도서 분석은 필수다. 서점에 가면 내가 쓰려는 책과 비슷한 내용의 책이 정말 많다. 나만의 독창적인 주제인 줄 알았는데, 찾아보면 비슷한 주제의 책이 꼭 나온다. 이런 책들에서 경쟁도서가 아닌 내 책을 선택해야 하는 이유를 찾아내야 한다. 그래야 책을 쓸 수 있다.

책 쓰기 4단계,
매력적인 목차 뽑기

콘텐츠(내용)가 확보된 후에는 설계도를 그려야 한다. 내용을 최대한 매력적인 목차로 보여줘야 한다. 독자들은 제목을 보고, 표지를 보고, 목차를 보고 책을 산다. 각 챕터 제목을 독자가 궁금해 미칠 정도로 지어야 한다. 출판사 또한 보통은 목차를 보고 이 원고를 읽을지 말지 결정한다. 목차 선정은 책 쓰기에서 가장 중요한 단계다. 많이 고민하고 고치고 그려보자!

책 쓰기 5단계,
소리 내어 읽으며 고치기

오타와 부자연스러운 표현은 모두 작가의 책임이다. 원고가 완성되었다면 반드시 출력해 소리 내어 읽어보자. 눈으로만 볼 때보다 어색한 부분이 훨씬 잘 보인다. 문장이 너무 길지는 않은지, 쓸데없는 말이 있진 않은지, 술술 읽히는지 확인하자! 오타는 책이 출판된 후에도 발견된다. 작가는 원고에 마지막까지 책임을 져야 한다. 여러 번, 아주 여러 번 확인하고 또 확인하자!

두 번째를 꿈꾸다

책 한 권 내고 사라지는 작가로 남고 싶지 않았다. 첫 책이 소중한 만큼 내가 그럴 만한 작가라는 사실을 증명하고 싶었다. 그런데 막상 두 번째 책을 쓰려니 난 덜컥 겁이 났다.

'내가 정말 그럴 만한 작가일까?'

'책 쓰기 수업 없이 혼자 쓸 수 있을까?'

'첫 번째 책보다 못하면 어떡하지?'

첫 번째 책은 겁 없이 덤볐다가 고생했다면 두 번째 책은 아예 시작조차 할 수 없었다. 아니까 더 무서웠다. 그러다 동네 서점에서 우연히 '독립출판 과정'을 보았다. 책 만드는 처음부터 끝까지 혼자 하는 것이었다.

'원고부터 출판까지 나 혼자 할 수 있다고?'

용기가 생겼다. 그렇게 나는 두 번째 책을 꿈꾸기 시작했다.

마법 같은 책 요약

1단계, 어떤 책을 쓰고 싶은지 자유롭게 노트에 적는다.

2단계, 10줄로 내 책을 소개한다.

3단계, 5줄로 요약한다.

4단계, 3줄로 요약한다.

5단계, 1줄로 요약한다.

마지막 한 줄이 나오면 책 쓰기가 가능하다. 작가가 설명할 수 없다면 쓸 수 없다. 누구에게나 내 책을 한 줄로 소개할 수 있다면 작가로서의 첫걸음을 뗀 것이다. 드디어 한 줄을 만들었다.

현실이 된 두 번째 꿈

매주 3~5꼭지씩 글을 썼다. (첫 주 과제는 10꼭지 쓰기였다!) 과제인데다 마감 시간이 정해져서 가능한 일이었다. 앞뒤 생각 안 하고 무작정 썼는데, 그 글들이 목차를 잡을 때 좋은 재료가 되었다. 책을 쓰고 싶다면 일단 써야 한다. 나는 두 번째 책을 쓰고 싶다는 생각을 1년 넘게 하면서도 글쓰기는 막상 시작도 못 했다. '독립출판 수업'을 계기로 쓰기 시작해 한 장 한 장 더해 갔다. 두 번째는 독립출판으로 내려고 마음먹었는데 쓰다 보니 욕심이 생겼다. 게다가 독립출판 강의를 해주신 작가님이 투고해 보라고 용기를 불어넣었다. 그리고 계약이 이루어졌다. 한동안 꿈만 꾸던 두 번째 책 출간이 현실로 다가왔다. 정말이지 생각만 하면 아무 일도 일어나지 않는다.

쓰자! 일단 쓰자! 작가가 되기 위한 첫걸음은 노트북을 켜고 한글 파일을 여는 것으로 시작된다.

독립출판으로 내 책 만들기!(3개월 과정)

• 일주일에 4~5꼭지를 목표로 무조건 원고 쓰기!(1~4주)

• 20꼭지 모이면 목차 잡기 - 꼭지 순서배열, 새 꼭지 제목 정하기(5~7주)

• 마감 날 정해놓고 빈 꼭지 채우기(8주~11주)

• 원고 제출 - 표지 및 내지 디자인, 제목 등 결정하기(12주)

• 출판사에 투고하기 or 독립출판으로 내 책 갖기

꿈의 설계도, 목차 그리기

목차는 어떻게 정하지?

　설계도 없이 집을 지으면 어떻게 될까? 책 쓰기도 마찬가지다. 책이 나오려면 튼튼한 목차가 먼저 나와야 한다. 목차만 나오면 채워 넣는 일은 그리 어렵지 않다. 쓰면서 중간에 목차를 수정해도 된다.

　목차를 정할 때 가장 좋은 방법은 서점에서 베스트셀러의 목차를 찾아보는 일이다. 잘 나가는 책은 잘 나가는 이유가 있는 만큼 목차도 매력적일 가능성이 크다. 목차만 봐도 읽고 싶다는 생각이 절로 들 수 있다. 정해진 건 아니지만 보통 큰 챕터를 5~6개 정도 잡고, 그 아래에 작은 꼭지를 또 5~6개씩 넣는다. 주가 되는 챕터의 꼭지가 길 때도 있다.

　경쟁도서나 참고도서 위주로 목차를 공부하는 방법도 좋다. 목차를 잡을 때 제목 하나하나를 매력적으로 만들어야 한다. 많이 고민하고 다시 만들면서 시간을 투자하자. 목차에 투자한 시간만큼 그다음 글쓰기가 훨씬 수월해진다. 써보면 안다.

목차 예시

《어쩌다 13년째 영어학원을 하고 있습니다》출간 기획서 목차 (실제 출간 도서 목차와 차이가 있음)

〈가제〉엄마도 영어학원 할 수 있어

<u>프롤로그</u>

영어 꽝! 학원 초짜! 무대뽀로 영어학원 원장이 되다!

1장 왜 하필 영어학원이지? 난 영어도 못하는데

01 영어 잘해본 적 없지만 항상 잘하고 싶다

02 영어로 돈 벌어볼까?

03 돈 걱정 없이 행복한 삶, 그러려면 일해야 한다

04 엄마, 지상 최고의 교육 전문가

05 '그냥 이대로 살자'는 가족의 조언 극복하기

영어학원 창업 준비 노하우 1 - **영어공부 다시 시작하기**

주제 정리는 마인드맵으로

두 번째로 출간한 《중2 MVP 영어 학습법》은 학생들이 어려워하는 영어 문법을 마인드맵으로 정리한 책이다. 문제집도 많이 풀고, 영어 단어도 많이 외운 학생들이 유독 문법에는 약할 때도 많고, 실제로 독해에 잘 활용하지 못하는 경우도 많다. 그래서 학교 시험 때만 공부하는 문법이 아닌 전체 그림을 볼 줄 아는 문법을 가르치고 싶었다.

부산 여행을 가는 KTX에서 'Simple Mind Life'라는 앱을 다운받았다. 서울에서 부산에 도착할 때까지 6개의 마인드맵을 완성했다. 그리고 그 마인드맵은 두 번째 책에 고스란히 담겼고, 출간에 가장 중요한 역할을 했다.

그 방법을 책 쓰기에 활용해 책의 설계도인 목차를 함께 그려보자. 종이와 펜만 있으면 된다. 가운데 동그라미를 그리는 순간 작가가 되기 위한 첫걸음을 떼는 것이다. 기차나 비행기 여행을 계획 중이라면 나처럼 여행가는 길에 앱을 다운받아 책 한 권의 설계도를 그려봐도 좋다.

이처럼 자유롭게 떠오르는 생각을 적으며 정리한다. 도중에 더 좋은 소제목이 생각나면 지우고 다시 적어도 된다. 생각나는 내용이 많은 챕터에는 더 많이 적어놓은 다음 나중에 정리해도 좋다. 그러다 보면 중요한 목차의 모양이 잡히기 시작한다. 첫 설계도이므로 완벽하지 않을 수도, 부족해 보일 수도 있다. 그래도 머릿속에 떠다니는 생각들을 처음 정리한 것이기 때문에 의미가 있다. 적는 순간 내 책의 그림이 조금씩 그려진다. 그리고 그 그림을 따라가다 보면 출간이라는 결실을 맺는다.

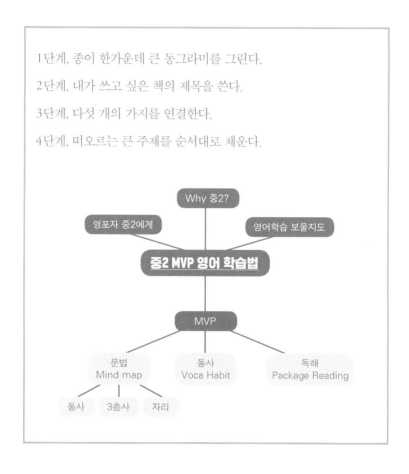

1단계. 종이 한가운데 큰 동그라미를 그린다.

2단계. 내가 쓰고 싶은 책의 제목을 쓴다.

3단계. 다섯 개의 가지를 연결한다.

4단계. 떠오르는 큰 주제를 순서대로 채운다.

Why 중2?

영포자 중2에게

영어학습 보물지도

중2 MVP 영어 학습법

MVP

문법
Mind map

동사
Voca Habit

독해
Package Reading

동사 3총사 자리

5단계, 다섯 개의 주제에 작은 주제를 만든다.(5~6개)

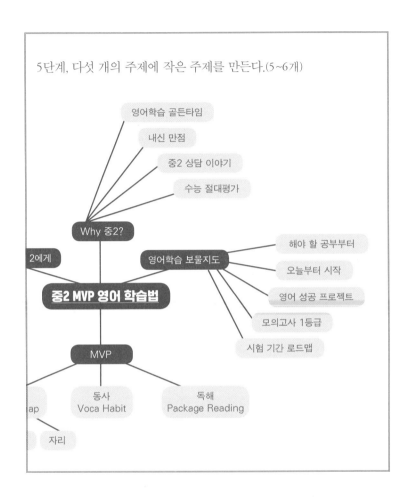

영어학습 골든타임

내신 만점

중2 상담 이야기

수능 절대평가

Why 중2?

2에게

영어학습 보물지도

해야 할 공부부터

오늘부터 시작

영어 성공 프로젝트

모의고사 1등급

시험 기간 로드맵

중2 MVP 영어 학습법

MVP

ap

동사
Voca Habit

독해
Package Reading

자리

꿈을 이루어 주는 출간 기획서

확 끌리는 출간 기획서 쓰기

출판사에는 수많은 출간 기획서가 들어온다. 그중 어떤 것들은 클릭 한 번 받지 못하고 휴지통으로 들어가 버리기도 한다. 스팸메일처럼 단체로 보낸다면 더더욱 출판사로부터 연락받기 힘들다. 출간 기획서의 기본형식은 비슷하지만, 출판사마다 선호하는 형식이 다를 수도 있으니 미리 확인해 보는 것도 좋다. 눈에 띄게 쓰고 싶다면 PPT로 만드는 방법도 있다. 시각화되어 있어 한눈에 내용을 볼 수 있다는 장점이 있다. 단, 꾸미기에만 너무 집중해서는 안 된다. 중요한 것은 내용이라는 점을 명심하자!

출간 기획서 기본 정보(예시 《중2 MVP 영어 공부법》)

제목 중2 MVP 영어 공부법

저자 문윤선

원고 매수 200자 원고지 600~700매

원고 완성일 2022년 3월 31일

원고 분류 국내도서 〉 공부법, 교육

일러스트 유무 품사 캐릭터 및 마인드맵

저자 소개

〈주요 이력 및 활동〉

• 잉글리쉬 무무 최우수 학원 15년차 운영 중

• 《어쩌다 13년째 영어학원을 하고 있습니다》(사이다, 2019) 출간

영알못 영어학원 원장 영어도 모르고, 학원도 모르고, 용감무쌍한 무대 뽀 정신으로 영어학원을 창업했습니다. 15년간 사교육 현장에서 산전수전 다 경험하고 나니 이제 영어 잘하고, 잘 가르치는 원장입니다.

꼴찌 탈출 전문 영어쌤 공부 잘하는 아이는 어딜 가도 잘한다는 생각으로 학원에서 유독 영어를 어려워하는 아이들과 함께했습니다. 왜 문법 이해가 힘든지, 왜 성적이 안 나오는지, 왜 영어를 어려워하는지 이제는 정확한 진단으로 영어불치병을 고치게 되었습니다. 중학교 2학년 '이번 생은 영어 망한 중학생'이 아니라 '아직 늦지 않은 중학생'이라고 말해주는 초긍정 영어 선생님입니다.

예비 중학생 엄마 첫 아이가 이제 중학교에 갑니다. 초등학교 첫 받아쓰기 20점 받아도 빵점만 아니면 괜찮다고 말해주던 엄마였고, 영어 쪽지시험 다 틀려도 백지가 아니면 된다고 말해주던 엄마였습니다. 아이 교육에 무심한 것이 아니고 아직 안 늦었고, 할 수 있다고 믿고 있는 엄마입니다. 소중한 내 아이에게 중학교에 가도 '넌 할 수 있다!'고 말해줄 수 있는 엄마입니다.

출간 기획서 추가 정보

시장환경 및 기획의도

타깃 독자층

원고 요약

목차

출판사에서 작가에게 궁금한 정보

이 책은 어떤 책입니까?

이 책을 출간하려는 이유는?

대상독자는?

경쟁도서, 유사도서와의 차별점

이 책을 선택해야만 하는 이유는?

계약하고 싶은 매력적인 작가 되기

"작가님, 요즘 책을 출판하면 작가님이랑 작가님 아는 사람만 그 책을 사요."

두 번째 책 출판을 위해 출판사 마케터와 마주앉았다. 요즘 인스타 홍보, 줌 강의 등 여러 방면으로 마케팅을 고민하는 분이다. 내 책 출간 전에 베타 테스트도 해보고, 출간 전 이벤트도 해보고 싶다고 했다. 여러 가지 방법을 모색하다 갑자기 깊은 한숨을 쉬었다.

"정말, 너무 책을 안 사요."

간절히 바라던 내 첫 책이 나왔을 때, 나는 작가의 힘에 좌절했다. 나의 경험이, 나의 노하우가 나처럼 막막한 누군가에게 도움이 되길 바라며 책을 썼다. 그런데 정작 나오고 나니 나는 창업 책으로 홍보하기에 잘 맞는 회사 대표가 아니었다. 영어학원으로 홍보하기엔 스타 강사도 아니었다. 그냥 동네 작은 영어학원의 원장인 내가 할 수 있는 홍보 방법은 많지 않았다. 갑자기 출판사에, 서점에 누워 있는 내 책에 미안했다. 초판을 다 팔 때까지는 출판사 대표님의 전화 받기도 무서웠다. 정말 하루하루 살얼음판을 걷는 기분으로 한 권이라도 더 팔리길 간절히 기도했다. 보험 영업을 할 때도 안 하던 지인 영업을 초판이 다 팔릴 때까지 정말 열심히 했다.

"예스24 들어가서 책 주문 좀 해!"

가족, 친구, 학원 원장님들, 신랑 회사까지 지인이란 지인에게는 다 부탁했던 것 같다. 그때 알았다. 유명하지 않은 작가 책은 작가가 파는 거였다. 아무리 콘텐츠가 좋아도, 내용이 좋아도 사람들은 무명작가의 새 책에 별 관심이 없다. 출간 후 1달, 미친 듯이 팔아야 베스트셀러라는 작은 딱지가 붙고, 그래야 나를 모르는 누군가가 내 책에 관심을 가진다. 대형서점 판매대 위에 제대로 눕지도 못하고 책이 사라지기 전에 할 수 있는 모든 방법을 동원해야 한다. 이것이 내가 첫 책을 내고 배운 점이다. 쓸 때의 즐거움, 출간까지의 설렘은 온데간데없이 온라인 서점의 판매지수에 매일매일 피가 말랐다.

"작가님 책을 누가 읽죠?"

"다른 책 말고 작가님 책을 선택해야 할 이유가 뭐예요?"

"작가님은 몇 권까지 이 책을 살 수 있어요?"

냉정한 얘기지만 요즘 출판사가 계약하고 싶은 매력적인 작가란 책을 많이 팔아줄 수 있는 작가다. 작가의 영향력이 크면 클수록 출판사 입장에서는 매력적인 작가다. 작가 개인의 만족과 행복을 위해 1천만 원 넘는 비용을 투자해 책을 만들었는데, 안 팔리면 출판사 입장에서는 그 돈을 전부 손해 보기 때문이다. 초판은 다 팔아야 출판사에 효도한다는 말이 나도는 이유다.

나의 꿈인 책이 세상에 나오면 작가는 책임감을 가지고 홍보해야 한다. 인스타, 블로그, 유튜브 홍보는 물론이고, 대형서점에 책이 깔리면 직접 가서 사는 수고까지도 해야 한다. 서점에서는 새로 들어온 책이 반응이 없으면 금방 자리를 빼버린다. 서점 판매대에 누워보지도 못하고 사라지는 책들이 정말 많다. 출간 기획서를 들고 출판사를 찾았을 때의 간절함 만큼 책이 나오고 난 후에도 출판사에 매력적인 작가로 남아야 한다.

이제는 독자가 꿈을 꿀 시간

이제 쓸 시간입니다

책 쓰기! 누구나 한 번쯤 나만의 책을 가지는 꿈을 꾼다. 우리에겐 각자의 살아온 이야기, 나누고 싶은 이야기가 있기 때문이다. 책 쓰기를 가르치는 몇백만 원 혹은 몇천만 원짜리 강의가 있고, SNS에는 내 책이 나왔다는 이야기가 넘쳐난다.

그런데 막상 책을 쓰려면 너무 막막하다.

'혹시 사기당하는 거 아니야?'

'이런다고 책이 나올까?'

순간순간 드는 두려움에 아예 꿈을 접기도 하고, '요즘은 개나 소나 책 쓴다며?'라는 평계를 대보기도 한다. 막상 책을 쓰겠다는 용기를 내면 뒤에 오는 좌절감과 만나게 된다.

"이 이야기를 남들도 궁금해할까요?"

"도대체 하고 싶은 얘기가 뭐죠?"

"글쓰기의 기본이 안 돼 있으세요."

자존감이 무너지는 경험을 하고 조용히 포기 쪽으로 마음을 돌리기도 한다. 같이 수업 들은 사람들 책은 나오는데 나만 제자리인 것 같다. 출판사 투고는 항상 많고, 출판사로부터 연락을 받기란 하늘의 별 따기다.

"나도 작가가 될 수 있을까?"

이 책을 보며 작가를 꿈꾸는 사람들에게 이야기해 주고 싶다. 지금 설렌다면 그 마음을 출간되는 순간까지 놓지 말라고. 책 쓰기는 길고 지루한 나와의 싸움이다. 그 과정 끝엔 분명히 한 번도 경험하지 못한 행복을 느낄 수 있다.

당신도 작가가 될 수 있다!

누구나 책 한 권 이야기는 갖고 있다

하루하루를 정신없이 보낸다. 초등학생, 중학생 두 아이를 학교 보내는 일부터 두 마리 강아지 산책도 시켜야 한다. 일산에서 인천까지 매일 출퇴근하며 외곽순환도로에 갇혀 선 차들을 지루하게 바라보는 것도 일상이다. 학원에 가면 매일 다른 일들이 생긴다. 숙제 안 하는 아이, 결석하는 아이, 이번 달까지 다니고 그만둔다는 연락, 새로 등록하고 싶다는 상담 등이 이어진다. 바쁜 와중에 선생님들이 지치지는 않을까 챙겨야 하고, 중간중간 우리 아이들은 집에 잘 들어갔는지 걱정이다. 시험기간이라도 되면 학생들 성적에 예민해지고, 늦은 보충이나 주말 보충으로 학생들과 함께 지친다. 새 학기가 되면 '홍보 좀 해야 하나?', '학교 앞을 나갈까?' 고민하고, 어린이날 및 핼러윈, 크리스마스가 돌아오면 '선물은 뭘 하지?', '이벤트는 뭘 해야 할까?'를 고민한다.

이렇게 유별나지도, 특별할 것도 없는 일상을 살며 나는 책 두 권을 꿈꾸었고 가졌다. 그렇다고 일상이 바뀌거나 하지는 않았다. 하루하루를 여전히 출근하며 바쁘게 보낸다. 그러다 보면 나에게 또 다른 책 한 권의 이야기가 생길지도 모르겠다. 그러면 또 신이 나서 노트북을 들고 바닷가 풍경이 예쁜 카페 자리에 앉아 내 이야기 속으로 빠져들 테다.

책 쓰기란 그리 대단한 일도 아니지만, 그렇다고 아무 일도 아닌 건 아니다. 누군가는 인생을 한 조각 꺼내놓는 일이고, 누군가는 머뭇거리다 다시 담아놓는 일이다. 책이 나왔다고 인생이 바뀌지도, 하루아침에 엄청난 베스트셀러 작가가 되지도 않는다. 그럼에도 나는 책 쓰기를 권한다. 내 책 두 권에는 내가 살아온 일상이 담겼다. 독자들에게 전하고 싶은 나의 이야기가 있다. 가끔 내 책을 읽고 좋았다는 이야기를 들으면 기쁘다. 내 생각에 공감해 주고, 나와 같은 길을 가고 있다는 사람들이 있어서 좋다. 그러니 책 쓰기를 추천한다.

누구나 책 한 권쯤의 인생 이야기는 있다!

50대가 되고 삶은 더 빠르게 흘렀습니다. 삶의 속도는 시간 곱하기 나이라는 말처럼! 반백이 넘으니 50세 이전의 사람들보다 삶이 더 빠른 속도로 흘러갔습니다. 그런 가운데 두 기업의 오너로서 무거운 책임을 짊어지고 비즈니스라는 전쟁터에 있으니 삶은 더 팍팍하고 저는 더 허덕였습니다. 여유가 조금은 생길 줄 알았는데, 여전히 멀었습니다. 아이들은 어리고, 제게는 여러 면에서 선택의 자유가 부여되지 않았습니다. 이 일 저 일, 이 사건 저 사건들을 겪다 보니 맷집은 늘었지만 풀어야 할 문제들은 그림자처럼 곁에서 떠나질 않았습니다. 잠자리에서는 늘 고민으로 뒤척이다 잠이 들고, 그예 가위눌린 채로 새벽 눈을 떴습니다. '이렇게 살아도 될까'라는 생각을 메멘토에 걸린 사람처럼 되새김했습니다. 그러다 글을 쓰게 되었죠.

여유 없이 바쁜 시간을 보내던 중에도 작가들의 모임에서 매월 숙제 검사를 받기 위해 제 이야기를 써 내려갔습니다. 놀랍게도 글을 쓰면서 풀리지 않던 마음의 짙은 고뇌가 한 겹씩 가벼워졌습니다. 이 이야기들을 나중에, 제 아이들이 제 나이가 되어 어려움을 겪을 때 읽는다면 후대를 위해 뭔가 한 가지 남기고 가는 것이라는 보람도 느껴졌습니다. 일곱 명 작가들이 그렇게 글쓰기라는 하나의 주제로 정리하고 모으다 보니 책이 되었습니다. 신기한 일입니다. 저는 고뇌했고, 그 고통스런 순간의 생각과 이야기를 썼을 뿐인데 그게 책이 되다니요.

삶은 책이 됐습니다. 이 책은 삶입니다. 거창하게 베스트셀러 작가는 못 된다 해도 삶이 책이 될 때 삶에는 가치가 부여됩니다. 인생 후반기에 저도 삶을 좀 더 다르게 살 수 있을 것 같다는 자신감도 슬며시 느껴봅니다. 삶이 제게 주었고, 제가 제 삶에 주는 선물을 교환합니다. 여러분도 그 소중한 선물을 받아보시기 바랍니다.

-이삼현

글을 잘 쓰고 못 쓰고의 기준이 있을까요? 감추고 싶던 내 이야기가 누군가에게는 희망이 되고, 때론 막다른 골목에 부딪힌 누군가를 살릴 수도 있지 않을까요? 사연 없는 사람은 이 세상에 존재하지 않습니다. 이제 펜을 들 시간입니다. 당신의 글이 사람과 사람을 그리고, 세상과 세상을 연결해 줄 수 있음을 잊지 마시기 바라며, 이 순간, 당신을 두 손 모아 응원합니다.

-김승환

수많은 선택 가운데 선택한 책 쓰기는 참으로 잘한 일인 것 같습니다. 무지에서 출발했으니 당연히 많은 어려움과 시행착오로 인한 고통을 겪기도 했습니다. 그래도 포기하지 않고 끝까지 해냈다는 사실이 너무나 감격스럽고 자랑스럽습니다. 인생이라는 캔버스에 마음에 드는 그림 하나가 더 그려진 셈이니까요.

최근 참으로 신기한 경험이 하나 더해졌습니다. 코로나 팬데믹으로 행동의 제약을 받는 중에도 이렇게 일곱 명이 공동으로 책을 출간하게 된 일입니다. 얼굴도 한 번 본 적 없는 분들이고, 각자의 직업이나 삶도 모두 달랐습니다. 책을 내고자 하는 마음 하나로, 만날 수 없어 줌(Zoom)으로 소통했습니다. 서로 다름이 '의견 차이'라는 어려움을 가져다줄 수도 있었지만, 다름은 오히려 장점이 되었습니다. 일곱 가지 색이 모여 아름다운 무지개가 되듯 우리 일곱 명은 서로 다른 색으로 이야기를 풀어냈습니다.

사람은 누구나 보석 같은 생각이나 보배로운 경험을 마음에 담아 놓습니다. 그러한 생각이나 경험을 이 세상에 책으로 남기고 싶지 않나요? 생각이나 꿈은 있는데 어찌해야 할지 모른다면 망설이지 말고 이 책을 읽어보길 바랍니다. 그리고 일곱 작가 중 누구에게라도 메일로 자문을 구해보길 권합니다.

-김성주

우리는 서로 말을 주고받으며 생각을 전합니다. 그 말을 글로 바꾸면 바로 글쓰기가 되죠. 글쓰기가 일관된 주제로 엮이면 바로 책이 됩니다. 글쓰기는 써서 읽어보고 고칠 수 있기에 말하기보다 오히려 더 쉽습니다. 하루의 일상을 스토리로 만들어보세요. 하고 싶었던 말을 글로 바꾸다 보면 당신도 어느새 작가라는 호칭으로 불리게 될 것입니다.

-손지숙

직업도 사는 곳도 모두 다른 일곱 명의 작가가 책 쓰기에 관한 이야기를 풀어봅니다. 먹고 사느라 바쁜 와중에도 온갖 우여곡절을 겪으며 우리의 책은 한 권, 두 권 세상에 나왔고, 출간 후 어떤 일들이 벌어지는지 지켜보았죠. 책 쓰기는 하고 싶은데 오늘도 바빠서 한 줄도 못 쓰던 나를 떠올리며 펜을 들었습니다. 헤매고 좌충우돌하며 고뇌하고 좌절도 했지만, 그래도 포기하지 않으니 결국 책은 나오고 인생의 변화는 시작되더라고요. 다양한 책 쓰기를 경험한 일곱 작가가 오늘도 쓸까 말까 고민하는 당신에게 지금 당장 책을 써야 하는 이유와 방법을 알려드립니다.

-이소정

요즘 저의 관심사는 '삶의 가치'입니다. 인생 후반기는 가치로운 삶을 살고 싶었습니다. 책 쓰기를 통해 그런 생각을 가졌는데, 첫 책이 나오고 삶을 객관적으로 볼 수 있었습니다. 나름 열심히 성실하게 살았으니 나쁘지 않은 점수를 주어도 될 것 같습니다만, 제가 추구하는 가치 있는 삶에는 아직 부족함이 느껴집니다.

　'사랑하는 지인들이 그들의 잠재력을 최대한 성장시킬 수 있도록 선한 영향력을 주는 일!'

　교육자로서 얼마나 멋진 삶의 가치인가요? 저는 꿈꿉니다. 두 번째 책은 풍성한 제 삶으로 채워져 있으리라고!

－추정희

　"이 모임은 참 이상해요!"

　작작모(작가들이 작정하고 만든 모임)라는 인연으로 만난 지 벌써 3년입니다. 매달 줌으로 회의를 열고, 한 번도 오프 모임을 한 적이 없습니다. 회의 때도 일곱 작가는 모두 책 이야기만 합니다. 각자 힘든 일상을 보낸 후 만났을 때 토닥토닥 힘이 되어주며, 누구도 영업이나 인맥, 홍보 이야기를 하지 않습니다.

　1년에 한 권씩 함께 책을 내면 좋겠다고 했습니다. 서로 숙제하듯 글을 올리면 서로 정성스레 읽어주고 응원해줍니다. 그리고 첫 책이 나오게 되었습니다. 참 따뜻하고 고마운 작가님들과 함께할 수 있어서 행복했습니다. 우리 꼭 1년에 한 번씩 함께 책을 냈으면 좋겠습니다.《일곱 작가들의 새벽 글쓰기》,《일곱 작가들의 브런치 수다》등등등…….

-문윤선

사연 없는 사람은

이 세상에 존재하지 않습니다.

이제 펜을 들 시간입니다.

책 쓰기에 푹 빠진 일곱 작가의 삶 속 책 출간 이야기

책 쓰기를 머뭇거리는 당신에게

초판1쇄 발행 2023년 2월 10일

지은이 이삼현 · 김승환 · 김성주 · 손지숙 · 이소정 · 추정희 · 문윤선
펴낸이 정광진

펴낸곳 봄풀
디자인 모아김성엽

신고번호 제406-3960100251002009000001호
신고년월일 2009년 1월 6일

주소 주소 경기도 고양시 일산동구 숲속마을2로 141
전화 031-955-9850
팩스 031-955-9851
이메일 spring_grass@nate.com

ISBN 978-89-93677-81-2 13700

*잘못 만들어진 책은 구입처에서 바꾸어 드립니다.